LA FUGA DEL CHAPO

RAYMUNDO RIVA PALACIO

LA FUGA
DEL CHAPO

Crónica de un desastre

Grijalbo

La fuga del Chapo
Crónica de un desastre

Primera edición en Estados Unidos: noviembre, 2015

D. R. © 2015, Raymundo Riva Palacio

D. R. © 2015, derechos de edición mundiales en lengua castellana:
Penguin Random House Grupo Editorial, S. A. de C. V.
D.R. © 2015, derechos de la presente edición en lengua castellana:
Penguin Random House Grupo Editorial USA, LLC.,
8950 SW 74th Court, Suite 2010
Miami, FL 33156

Diseño de portada: Penguin Random House. Andrés Mario Ramírez Cuevas

ISBN: 978-1-941999-61-5

Impreso en Estados Unidos – *Printed in USA*

Penguin
Random House
Grupo Editorial

Para Emilio, por el gusto, por la alegría,
por el futuro

Índice

Presentación

El destacado periodista, analista político y académico Raymundo Riva Palacio me ha otorgado un gran honor al permitirme que escriba unas palabras sobre el recorrido intelectual que presenta en este extraordinario libro, donde relata temas de actualidad relacionados con la seguridad pública.

Durante el desarrollo de su vida profesional en el periodismo, Riva Palacio ha destacado como reportero, corresponsal y columnista de *Excélsior* y *Proceso*. Ha integrado el cuerpo directivo de los periódicos *Reforma*, *Milenio* y *El Universal*. Entre los medios donde ha publicado se hallan la *Revista Mexicana de Comunicación*, *Los Angeles Times*, *La Opinión* (Los Ángeles), *Nieman Reports* (Universidad de Harvard) y *El Mercurio* (Chile). Entre sus libros destacan *Centroamérica, la guerra ya comenzó* y *Manual para un nuevo periodismo*.

Ha sido docente y académico en la Universidad Iberoamericana y en la Facultad de Ciencias Políticas de la UNAM. Asimismo, ha dictado conferencias sobre la libertad de expresión en la UNESCO y ha sido objeto de diversos reconocimientos, incluyendo el Premio Nacional de Periodismo en varias oportunidades.

En la actualidad, Riva Palacio sigue sobresaliendo en los escenarios periodísticos con su columna titulada "Estrictamente personal", que divulga en *El Financiero*. Conduce el noticiero *El Primer Café*, en Proyecto 40, y el programa de radio y televisión *Por las tardes*, en Radio Capital y EfektoTV.

En el presente libro, el objetivo central es dar a conocer, por medio de una investigación exhaustiva, los pormenores que rodearon la fuga del *Chapo* Guzmán en julio de 2015, situación que conmocionó al gobierno federal y constituyó un golpe a la política de seguridad pública.

Riva Palacio señala que la fuga debe verse más allá del ámbito de las responsabilidades de las instituciones del gobierno. Es necesario analizar la política de seguridad pública en su conjunto, estableciendo sus fortalezas y debilidades. En esa perspectiva, formula duras críticas al sistema de información e investigación criminal y al sistema penitenciario federal. Al mismo tiempo, expone hipótesis sobre los posibles responsables de esta fuga.

Este excelente trabajo periodístico debe convertirse en una referencia para las entidades de investigación criminal, la Secretaría de Gobernación, la PGR, la Policía Federal y demás organismos dedicados a impartir justicia.

Debo señalar que durante el gobierno pasado en México tuve la oportunidad de aportar algunas propuestas para la Secretaría de Seguridad Pública Federal, orientadas a fortalecer la lucha contra el crimen organizado, especialmente el narcotráfico. Lo anterior sobre la base de mi trayectoria como miembro de la Policía Nacional de Colombia durante 40 años, participando en el desmantelamiento de los cárteles de Medellín y Cali.

Ante la segunda fuga del *Chapo* Guzmán, el gobierno de Colombia me envió a México, en compañía de otros dos generales en retiro, con el fin de presentar a las diferentes instancias de la administración federal la experiencia que tuvimos en mi país tras la evasión de Pablo Escobar de la cárcel La Catedral en 1992. Durante una semana se expusieron diversas ideas dirigidas a establecer las líneas de investigación para lograr la recaptura de Guzmán.

A partir de la estrategia que se siguió en Colombia para obtener la ubicación de Pablo Escobar, y de cómo la policía de Colombia lo dio de baja en Medellín en 1993, señalo a continuación las medidas que nos llevaron al éxito y que pueden servir para fortalecer la investigación adoptada por el gobierno federal de México:

—Fortalecer una comunidad de inteligencia integrada por fuerzas militares, la Policía Federal, la PGR y el Cisen. Darle importancia al desarrollo de operaciones encubiertas: infiltrar personal de la policía judicial en las organizaciones criminales. Robustecer la inteligencia técnica y la procedente de fuentes humanas.

—La parte operativa debe desarrollarse con varios bloques de búsqueda integrados por fiscales de la PGR, elementos de inteligencia, personal de la Policía Federal y de la Gendarmería. Deben ubicarse en las diversas capitales de las entidades federativas donde se establezca que Guzmán Loera pueda encontrarse. En Colombia estos bloques desarrollaron operaciones masivas de registros, allanamientos, incautación de armas, decomiso de droga, vehículos blindados, etcétera. Con estos hostigamientos se buscó que Pablo Escobar saliera de su escondite, lo que ayudó a su ubicación por medios electrónicos.

—Tanto Pablo Escobar como Guzmán Loera aportaron ayuda en viviendas a gente de escasos recursos de su ciudad natal, lo que garantizó que Escobar nunca salió de Medellín. Esta situación puede estar ocurriendo con *el Chapo*, es decir, puede encontrarse en Sinaloa.

—Si nos preguntamos cuánto costó la construcción del túnel que Guzmán utilizó para su fuga, sabremos lo importante que es realizar operaciones de lavado de activos y extinción de dominio a todas las organizaciones criminales. Con todo el dinero que *el Chapo* ostenta, era muy fácil que volviera a corromper a los vigilantes carcelarios y se fugara de nuevo.

—Es fundamental establecer alianzas con organismos de inteligencia extranjeros como la DEA, el FBI y la CIA, con inteligencia de la policía de Colombia, Interpol, Europol, etcétera. Para combatir a criminales internacionales es básico mantener alianzas con países que sobresalgan por contar con unidades de policía judicial e inteligencia que usen tecnología de punta.

—Es recomendable divulgar periódicamente el monto de la recompensa para sensibilizar a la población sobre la necesidad de apoyar al Estado en la recaptura de Guzmán.

Es ineludible que las medidas señaladas se conviertan en política de Estado. Sólo así podrá haber continuidad en su aplicación por diferentes gobiernos. Estoy seguro de que los organismos de seguridad del Estado mexicano no serán inferiores al desafío que implica llevar nuevamente al criminal Joaquín Guzmán a los estrados judiciales.

GENERAL LUIS MONTENEGRO R.,
ex subdirector de la Policía
Nacional de Colombia

Palabras preliminares

Ésta es la crónica de una fuga que nunca debió haber sido y que se comenzó a preparar mucho tiempo antes de que Joaquín Guzmán fuera capturado. Este trabajo presenta textos de denuncia, análisis y crítica periodística de los tres primeros años del gobierno de Enrique Peña Nieto, que reflejan el desmantelamiento del Sistema Penitenciario Nacional. En diciembre de 2012, la nueva administración recibió los penales federales de máxima seguridad en operación y certificados bajo estándares internacionales. Durante el gobierno anterior (2006-2012) no hubo ninguna evasión de esas cárceles. En cambio, durante la primera parte de la administración de Peña Nieto, se sumaban ya tres fugas en tres distintos penales federales.

De igual forma, se hace un recorrido de tres años por una política fallida de seguridad pública, que comenzó a crujir desde que en el equipo de transición el entonces presidente electo decidió que la Secretaría de Gobernación absorbiera a la Secretaría de Seguridad Pública Federal (SSP). La secretaría más importante en crecimiento de recursos humanos y presupuesto del gobierno federal quedó reducida e injertada a una Comisión Nacional de Seguridad que, además, fue dirigida por personas cuya capacidad profesional estuvo alejada de las necesidades que se requerían para enfrentar los desafíos de la delincuencia organizada.

Desde esa Comisión se produjo el desmantelamiento de los complejos y sofisticados sistemas de detección, registro, análisis e información para la generación de inteligencia contra el crimen, y se desmontó la infraestructura tecnológica y de procedimientos certificados con los que contaba el Sistema Penitenciario Federal, con lo que se construyeron las condiciones para posibilitar la fuga del *Chapo* Guzmán. La evasión del criminal más famoso del mundo no es el todo de este libro. También juega como metáfora de la debacle de la política de seguridad pública y la eliminación deliberada del Estado de derecho en el gobierno de Peña Nieto. Un caso ejemplar de lo anterior es la creación de los autodenominados grupos de autodefensa, que actuaban bajo el esquema de comandos paramilitares, los cuales se integraron con criminales para aniquilar a otros criminales como parte de una estrategia del gobierno mexicano.

Esta estrategia contaminaría todo el esquema de seguridad pública, como mostró la actuación del Ejército la noche del 26 de septiembre de 2014, cuando en Iguala, Guerrero, desaparecieron 43 normalistas de la Escuela Normal Rural "Raúl Isidro Burgos", y en la matanza extrajudicial de la Policía Federal en la población michoacana de Tanhuato, al mediodía del 22 de mayo de 2015, lo que tendría consecuencias políticas y dejaría el final del sexenio del presidente Peña Nieto en una incertidumbre legal.

Prólogo

Poco después de las 22:00 horas del sábado 11 de julio de 2015, en medio de la convulsión que se vivía en la prisión de máxima seguridad del Altiplano, Juan Ignacio Hernández Mora, comisionado del Órgano Administrativo Desconcentrado de Prevención y Readaptación Social, llamó con urgencia por teléfono a Celina Oseguera Parra, coordinadora nacional de los Centros Federales de Readaptación Social: "¡*Benito* no se ve en los monitores!", gritó Hernández Mora. "¡Ve para allá!", ordenó Oseguera. El comisionado se refería a Joaquín *el Chapo* Guzmán, a quien le habían puesto un segundo apodo como código: *Benito*.

A las 20:52 horas fue la última vez que apareció Guzmán en los tres monitores de vigilancia de las autoridades del penal. Como a otros internos de alta peligrosidad, el área de inteligencia de la Policía Federal y el Centro de Investigación y Seguridad Nacional (Cisen) observaban al *Chapo* desde una oficina en el área administrativa del Altiplano. Dieciocho minutos son los que tardaron en reaccionar para enviar a un custodio a mirar su celda. Testimonios, extractos de las declaraciones ministeriales y la línea de tiempo a partir de los videos del penal, permitieron establecer la lentitud con la que las tres áreas de monitoreo reaccionaron y la confusión que se dio en el momento en que perdieron al capo.[1]

Dieron las 21:10 horas. No había empezado la persecución. Lo que había era histeria. El director Valentín Cárdenas Lerma estaba de descanso, como quincenalmente hacía los fines de semana. Estaba de guardia Leonor García García, directora jurídica del Centro de Readaptación Social Número Uno, nombre oficial del Altiplano. Se dio cuenta de que algo pasaba cuando vio correr al grupo de inteligencia de la Policía Federal que gritaba que "no encontraban" a un preso.

Cuando desapareció *el Chapo* de los monitores, se pidió por radio a uno de los custodios que fuera a su celda. A esa hora ya habían terminado de cenar y, en el caso de Guzmán, de darle sus medicinas. Todos los internos estaban en sus celdas y los pabellones se encontraban cerrados. Los custodios estaban en las entradas, en vigilancia física. Cuando el custodio llegó a la celda del *Chapo*, ubicada al final del pabellón en el módulo 2, a unos 70 metros de las puertas de

---

[1] El 7 de septiembre de 2015, el Consejo de la Judicatura Federal informó que el Juzgado Cuarto de Distrito de Procesos Penales Federales en el Estado de México, con sede en Toluca, dictó auto de formal prisión en contra de dos funcionarios del Cisen y dos del Centro de Control de Monitoreo de la Policía Federal, por su presunta responsabilidad en la evasión del *Chapo* Guzmán.

seguridad, la abrió y no vio a Guzmán. De acuerdo con el protocolo, el custodio no entró en la celda. En su declaración dijo haber pensado que se encontraba escondido debajo de la cama, pero en realidad no sabía dónde estaba.

Las autoridades del penal llamaron de inmediato a los custodios en todas las puertas de seguridad, y uno por uno respondió que por su zona Guzmán no había pasado. Ya eran aproximadamente las 21:15 cuando las autoridades del penal, al recibir el informe del custodio por radio, ordenaron la inspección ocular. Pasaron unos tres minutos para que llegaran otros cuatro custodios para verificar la ausencia del *Chapo*. Al ver la boca del túnel en la regadera, dos de ellos se metieron inmediatamente por él mientras se daba la alerta.

La línea de tiempo sobre la fuga del *Chapo* era confusa y contradictoria. De acuerdo con un alto funcionario federal, pasadas las 21:25, 10 minutos después de que descubrieran el túnel, el comisionado de la Policía Federal, Enrique Galindo, llamó al comisionado de Seguridad del Estado de México, Eduardo Valiente, y al secretario de Seguridad Pública del gobierno del Distrito Federal, Hiram Almeida, para que comenzaran a desplegar los círculos de seguridad en torno al Altiplano, siguiendo el protocolo del Código Rojo. Sin embargo, los tiempos no concuerdan con la llamada de Hernández Mora a Oseguera Parra, que fue más de media hora después.

Hernández Mora recibió la notificación de la desaparición de *Benito* por parte de Ramón Pequeño, jefe de la

División de Inteligencia de la Policía Federal, responsable de los penales y quien, pese a depender de Galindo, no le reportaba a él. Pequeño fue quien informó de la fuga al entonces comisionado nacional de Seguridad, Monte Alejandro Rubido, quien se encontraba en la sala de espera de Aeroméxico a punto de tomar el vuelo 003 a París, cuya salida estaba programada a las 23:43 horas. Días después, Rubido confió a sus cercanos que el aviso estuvo a punto de no llegarle, pues estaba por tomar un vuelo a la capital francesa, donde presenciaría la parada militar del día nacional de Francia, el 14 de julio, en la que participaría un contingente de la Policía Federal.

Había pasado más de media hora desde que había desaparecido *el Chapo* Guzmán de los monitores de vigilancia cuando se activó el Código Rojo. El penal se había sellado; nadie entraba y nadie salía. Pasaron lista a todos los internos, una vez más, como dicta el protocolo, para detectar si había más fugas. En el exterior se tendió el primer anillo de seguridad con la Policía Federal y el Ejército, a 500 metros del inmueble. Un segundo anillo se colocó cerca de la casa donde estaba la entrada al túnel, la cual en ese momento no sabían que existía. Los custodios que se metieron en el túnel y lo recorrieron a pie, tardaron cerca de 90 minutos en completar el trayecto e informar por radio de su hallazgo, porque no iban preparados con oxígeno y uno de ellos estuvo a punto de asfixiarse en su interior. No habían podido llamar antes porque los radios no funcionaron dentro del túnel.

El tercer anillo se estableció a unos 12 kilómetros, que incluyó el cierre de operaciones en el aeropuerto de Toluca y vigilancia en las carreteras. Se estableció una primera coordinación de sellamiento con los gobiernos del Estado de México, Distrito Federal, Morelos, Michoacán, Hidalgo y Querétaro, y cientos de policías federales iniciaron la primera búsqueda, casa por casa, a partir de donde estaba la boca del túnel. Todo iba a ser inútil.

El secretario de Gobernación, Miguel Ángel Osorio Chong, se encontraba en Londres cuando recibió la noticia. Al día siguiente, iba a alcanzar a Peña Nieto, quien se dirigía a París como invitado especial del presidente francés François Hollande. Por medio de un mensaje de texto, Osorio le notificó la fuga al presidente. "¡No me chingues!", le respondió, de acuerdo con funcionarios que conocieron detalles de esos primeros y dramáticos momentos. En la Ciudad de México, la procuradora Arely Gómez estaba en su oficina. Trabajó hasta las 22:00 de ese sábado y se fue sin que nadie le dijera que *el Chapo* Guzmán se había escapado casi una hora antes. En el avión presidencial mientras tanto, donde viajaban 10 secretarios de Estado, el ánimo cambió radicalmente. Habían despegado unas seis horas antes de la Ciudad de México con un ambiente de celebración por esa invitación que durante un año trabajó el entonces secretario de Relaciones Exteriores, José Antonio Meade, y cuya magia se había roto antes de comenzar la fiesta. "Nadie hablaba, todos estaban muy serios", dijo una persona que convivió con ellos.

En el avión hubo recriminaciones. La más fuerte provino del jefe de la Oficina de la Presidencia, Aurelio Nuño, que responsabilizaba directamente al secretario de Gobernación. Los secretarios de la Defensa, el general Salvador Cienfuegos, y de la Marina, el almirante Vidal Soberón, observaban en silencio. Los dos continuaron el viaje y estuvieron con el presidente en París. "¿Por qué tenían que regresar?", diría un militar de alto rango días después. "A nosotros no se nos escapó." Osorio Chong tomó el vuelo de Londres a México el domingo y el presidente siguió a Francia después de evaluar con su equipo que no era conveniente, políticamente, regresar. El escenario era sombrío.

Más tarde, en la terraza del lujoso Hotel Hyatt de la Place Vendôme, donde se hospedó la comitiva oficial mexicana, varios de los colaboradores cercanos del presidente hablaban sobre la fuga. "Nos acaba de arrollar un ferrocarril", le dijo Nuño al presidente del Senado, Miguel Barbosa, que recién se incorporaba a la comitiva. Nuño se regresaría a México el siguiente miércoles, 48 horas antes que el presidente.

La fuga del *Chapo* no se había dado antes porque no lo habían capturado. Esto no es un contrasentido. La evasión se dio porque estaban creadas todas las condiciones para que se diera, y se empezaron a construir desde el periodo de transición, antes aun de que Peña Nieto asumiera la presidencia. Durante este sexenio sobrevino el desmantelamiento sistémico de la seguridad en los penales, el relajamiento de las barreras legales contra los criminales y el otorgamiento de privilegios inexplicables. Fueron tantos los cambios que al final contribuyeron a la fuga, y tan profunda la crisis política que afectó directamente al presidente y a su gobierno, que se podría eliminar la posibilidad de que se hubiera tratado de una evasión pactada. La opinión pública mexicana pensaba totalmente diferente: el 77% de los mexicanos creía que había existido complicidad de las autoridades.[2]

La crisis política se podría entender plenamente a partir del hecho de que la fuga exhibió el desastre de diseño institucional que escogieron, y la frivolidad con la que actuaron en su construcción. En la génesis de esta crisis se encontraba Manuel Mondragón, reclutado como comisionado Nacional de Seguridad mediante una encuesta de popularidad —no un análisis de capacidades—, y a quien su jefe, Osorio Chong, le permitió durante casi dos años llevar a cabo la destrucción del aparato de seguridad. Al renunciar Mondragón el 16 de marzo de 2014, las cosas no cambiaron. Rubido, su relevo, secretario ejecutivo del Sistema Nacional de Seguridad Pública y formado en las filas del Cisen, no corrigió el relajamiento al que se había llevado la seguridad y la prevención en los reclusorios federales.[3] Varios de los

---

[2] Encuesta Nacional de Parametría, levantada en vivienda del 25 al 29 de julio de 2015.

[3] La defensa de Rubido, expresada en privado como argumento, era que lo tenían "cercado"; además, le dijo a sus cercanos que Osorio Chong le había impuesto al comisionado de la Policía Federal, Enrique Galindo, a la secretaria general de la Policía Federal, Frida Martínez Zamora, y al titular del Órgano Administrativo Desconcentrado de Readaptación Social, Juan Ignacio Hernández Mora.

líderes del narcotráfico siguieron juntos en el mismo pabellón, lo cual violentaba toda lógica y procedimiento de seguridad. *El Chapo* Guzmán fue ganando mediante amparos —que antes se rechazaban de forma automática— el acceso irrestricto de sus abogados al penal; también consiguió el privilegio de tener el pelo largo, y contaba con una televisión e incluso un canario en su celda. En Gobernación nunca lo frenaron. Se le dejó en la misma celda pese a que Mondragón, antes de irse, reveló a la prensa en cuál estaba, en violación a un secreto de Estado.

La fuga del *Chapo* Guzmán no debía haber sido una sorpresa al estar listas las condiciones para su evasión. Sin embargo, se trató de un golpe al corazón político del gobierno del presidente Peña Nieto, que no escuchó las alertas que se fueron dando internamente —con peticiones rechazadas para reforzar la seguridad en torno al narcotraficante—, ni las denuncias periodísticas que se hicieron desde el primer momento en que cambió el diseño de la seguridad pública en la nueva administración. Tras la evasión se empezó a reconstruir una historia de engaños y corrupciones que tardará varios años en escribirse. La investigación sobre la jerarquía política que se requería para coordinar el desmantelamiento sistemático y simultáneo del Sistema Penitenciario Federal y sus redundancias en los sistemas y procedimientos, en conexión con las circunstancias, dejará ver el nivel de involucramiento de la estructura de poder del Estado.

1

El repliegue

Un monstruo en Bucareli

En seis años, Genaro García Luna construyó una Secretaría de Seguridad Pública sin precedentes para el combate de criminales. Elevó casi ocho veces la fuerza de la Policía Federal, y edificó una plataforma tecnológica admirada en el mundo que había creado el Sistema Único de Información Criminal, con más de 400 millones de registros que alimentaba la Policía Federal, el Sistema Penitenciario Federal y las secretarías de seguridad pública y procuradurías estatales. Se trataba de una fuente vital de datos para la lucha contra la delincuencia que proveía los insumos necesarios para tareas de inteligencia. Era una herramienta reactiva, con capacidad para combatir a los criminales, que conoció a detalle en octubre de 2012 Miguel Ángel Osorio Chong, en ese entonces responsable de los temas de política y seguridad del equipo de transición de Enrique Peña Nieto.

Osorio Chong visitó primero el Centro de Mando de la Policía Federal en Iztapalapa, una impresionante instalación para entrenamiento de los grupos especiales antiterroristas, en explosivos y detección de drogas,[1] donde observó toda su capacidad operativa y la fuerza y el equipamiento de la Policía Federal. Todas las puertas se le abrieron. Vio los helicópteros artillados Black Hawk que había adquirido el gobierno mexicano a través de la Iniciativa Mérida, las unidades blindadas para las operaciones especiales, los equipos de alta tecnología con rayos gamma para la detección de drogas, explosivos, armas y personas, así como todo el armamento de alto poder que tenían los comandos de élite. Después visitó el Centro de Inteligencia que albergaba a Plataforma México, en el búnker subterráneo de la vieja Secretaría de Seguridad Pública Federal, hoy Comisión Nacional de Seguridad, en la avenida Constituyentes, frente a la Sección III de Chapultepec. Esa área había sido motivo de discordia durante el gobierno del presidente Felipe Calderón, y había provocado enfrentamientos entre García Luna —quien la había construido y la cultivaba— y Guillermo Valdés, el director del Cisen, que fue respaldado hasta el final de su gestión por el procurador Eduardo Medina

---

[1] El Centro de Mando de la Policía Federal en Iztapalapa fue inaugurado por Felipe Calderón el 18 de junio de 2008.

Mora, y por el secretario de Gobernación, Fernando Gómez Mont.[2]

Funcionarios de todo el mundo visitaron la herramienta tecnológica conocida como Plataforma México. Leo Panetta, cuando era director de la CIA, la visitó en forma secreta. Antes de aprobar los nuevos fondos de la Iniciativa Mérida, los comités selectos de Inteligencia en el Capitolio de Estados Unidos viajaron a México para conocerla. Janet Napolitano, secretaria de Seguridad Nacional durante la primera parte del gobierno de Obama, y los jefes de la DEA y el FBI presionaron insistentemente al gobierno del presidente Felipe Calderón para que la replicaran en Centroamérica.

Cuando visitó las instalaciones de la Secretaría de Seguridad Pública Federal, Osorio Chong estaba "con una evidente sorpresa reflejada en el rostro", según recordaron testigos de ese recorrido. El hombre de confianza del presidente electo había registrado rápidamente el potencial de utilizar las avanzadas tecnologías para el combate a criminales en el ámbito político.

Durante el periodo de transición, en el otoño de 2012, Osorio Chong tuvo varias reuniones con dos ex secretarios de Gobernación, Santiago Creel y Diódoro Carrasco, con un ex director del Cisen, Jorge Tello Peón, y con Mayolo

---

[2] Guillermo Valdés fue director del Cisen del 15 de enero de 2007 al 9 de septiembre de 2011; Eduardo Medina Mora fue procurador general del 1° de diciembre de 2006 al 7 de septiembre de 2009, y Fernando Gómez Mont fue secretario de Gobernación del 10 de noviembre de 2008 al 14 de julio de 2010.

Medina, quien había sido secretario ejecutivo del Sistema Nacional de Seguridad Pública. Todos ellos le recomendaron que desapareciera la Secretaría de Seguridad Pública Federal. Creel fue más allá, y le subrayó que de esa forma la Secretaría de Gobernación, que era el destino que tendría Osorio Chong en el nuevo gobierno, volvería a tener toda la fuerza política con los instrumentos de coerción y represión, de la que había sido despojada en el gobierno de Vicente Fox, cuando se creó la SSP.[3]

Osorio Chong les hizo la propuesta a Peña Nieto y al equipo de colaboradores más cercanos. Desaparecerían la Secretaría de Seguridad Pública como un ente autónomo, pero no como instrumento policial, y sería integrada a la Secretaría de Gobernación. En aquellos meses de la transición también se llegó a considerar convertir a la SSP en una nueva Secretaría de Seguridad Ciudadana, a propuesta de Humberto Castillejos, formado de la mano de Medina Mora, quien lo presentó con Peña Nieto cuando éste era gobernador del Estado de México. Castillejos, consejero jurídico de la Presidencia, evocaba en su propuesta a la Comisión Estatal de Seguridad Ciudadana que tenía el gobierno del estado, sin entender él, ni el equipo entrante, que en las entidades federativas la seguridad pública local cuida a los ciudadanos y no al Estado mexicano en su conjunto.

En aquel entonces, la pregunta en la prensa era si, por las mejores razones, Peña Nieto cometería un error que los

[3] Entrevista con miembros del equipo de transición del presidente electo Enrique Peña Nieto.

mexicanos sufrirían, y del cual él llegaría a arrepentirse. Para una mejor decisión habría que eliminar la contaminación política. ¿Era la Secretaría el problema o su titular? García Luna había sido el funcionario más criticado del gobierno de Calderón. A partir de casos de alto impacto de la Policía Federal —la captura de Florence Cassez, el enfrentamiento en el aeropuerto de la Ciudad de México por un problema de drogas, y el incidente en Tres Marías donde agentes federales se vieron involucrados en una persecución de contratistas estadounidenses de la CIA y un elemento de la Marina—, nunca dejó de ser sistemáticamente golpeado por la prensa política. Una campaña de propaganda instrumentada por cárteles de la droga —en algunos casos con ayuda de varios medios de comunicación—, lo colocó varias veces en un aprieto. Al escoger quién era peor, la prensa elegía como su villano favorito a García Luna. No ayudó que dentro del propio gobierno federal se alimentaran campañas en su contra al final del sexenio,[4] ni que no hubiera existido un secretario de Gobernación o un procurador tan fuerte, en función de resultados, para contrarrestarlo.

Por eso era importante separar a la persona de la institución. Al transferir las funciones de esa secretaría a Gobernación, Peña Nieto convirtió a su titular en uno de los más fuertes que hubiera despachado en Bucareli, pues jamás había contado con tantos recursos, sin tener a nadie de contra-

---

[4] Conversaciones con funcionarios de la extinta Secretaría de Seguridad Pública Federal.

peso. García Luna logró —y en ello radica su alejamiento del presidente Felipe Calderón— mantener Plataforma México como un instrumento de Estado ajeno a los usos políticos que algunos panistas pretendieron darle.[5] La absorción de la Secretaría de Seguridad Pública Federal por parte de la Secretaría de Gobernación, convirtió a Osorio Chong en el funcionario más poderoso del gobierno de Peña Nieto. El rediseño regresó a Gobernación los instrumentos de coerción, que empezó a usar desde principios de 2013, cuando se realizó la transferencia del equipo de intervención telefónica y los sistemas de Plataforma México al Cisen, incluida la vigilancia remota de los Centros Penitenciarios Federales.[6] En Bucareli, la sede de la Secretaría de Gobernación, se creó un monstruo político sin precedente ni contrapesos institucionales.

El presidente Calderón había decidido que la seguridad pública sería la bandera de su gobierno y su legado, por lo que siempre acotó la inteligencia que recopilaba y procesaba la SSP al ámbito criminal, pese a las tentaciones en otro sentido de varios de sus funcionarios. El presidente Peña

---

[5] Un ejemplo se dio durante la campaña presidencial de 2012, cuando la candidata del PAN, Josefina Vázquez Mota, fue a ver al secretario Genaro García Luna para pedirle información de inteligencia que la ayudara contra sus adversarios. Como García Luna se la negó, Vázquez Mota declaró, en marzo de ese año, que había sido uno de sus objetivos de espionaje.

[6] El traslado de funciones y responsabilidades diseñado en 2013 tuvo como consecuencia directa que dos funcionarios del Cisen fueran acusados como presuntos responsables de la fuga del *Chapo* Guzmán.

Nieto cambió los términos e integró todos los insumos de inteligencia criminal al ámbito político, que fue una regresión de casi tres décadas al volver a un modelo que había estado vigente hasta el gobierno de Miguel de la Madrid (1982-1988). Cuando el equipo del presidente electo Peña Nieto rediseñó el modelo político y de seguridad, no sabían que *el Chapo* Guzmán sería recapturado y que se volvería a escapar, con lo cual haría estallar a la Secretaría de Gobernación, que recibió todo el golpe de la evasión y las consecuencias de su hambre de poder.

EL DOCTOR MONDRAGÓN

Manuel Mondragón duró exactamente seis meses con vida artificial al frente de la Comisión Nacional de Seguridad. Su relevo demoró tanto —las reformas económicas y la desaceleración fueron variables que le ayudaron— que incluso le dio tiempo para manejar unilateralmente su salida antes de que lo removieran. Al final, golpeado por el ostracismo dentro del gabinete de seguridad, escribió el guión de su renuncia para que lo firmara Osorio Chong, al definir su labor, en un acto de magnanimidad política, como "eficiente y patriótica". La realidad era muy diferente.

Desde muy temprano en el gobierno de Enrique Peña Nieto se dieron cuenta de que habían cometido una equivocación al reclutarlo. Manuel Mondragón, que reconocía inspiración y tutoría en Arturo Durazo,[7] iba a repetir como secretario de Seguridad Pública en el gobierno del Distrito Federal de Miguel Ángel Mancera, quien supo por medio de la prensa que su prospecto había cambiado de opinión. Su jefe, Marcelo Ebrard, también se enteró por los periódicos de que su secretario había aceptado el ofrecimiento del gobierno entrante.[8] Mondragón corrió a los brazos federales sin avisarles que no contarían con él, aunque ya como comisionado nacional de Seguridad, acogió a varios de los colaboradores que Ebrard había tenido en el Distrito Federal.

El trabajo de comisionado se lo ofrecieron tras una encuesta nacional que realizó el equipo de transición de la que salió como el mejor evaluado. "Queríamos dar un giro total al combate a la delincuencia y necesitábamos una persona que no viniera del PRI y que nos diera la credibilidad", confió en su momento uno de los principales colaboradores de Peña Nieto que participó en el proceso de selección del comisionado. "Hicimos encuestas y Mondragón salió el mejor evaluado en el país." No era gran sorpresa. El médico cirujano y contralmirante, con más de 40 años de servicio público, tenía gran aceptación en muchos sectores. El in-

[7] Arturo Durazo fue jefe del Departamento de Policía y Tránsito del Distrito Federal durante el gobierno de José López Portillo. Es considerado uno de los jefes de policía más corruptos y represores que han existido en la capital federal.

[8] Entrevista con un miembro de la oficina del ex jefe de gobierno del Distrito Federal, Marcelo Ebrard.

troductor a México de las artes marciales (trajo el karate-do y el taekwondo), Mondragón presumía haber creado el Alcoholímetro,[9] que redujo las muertes por accidentes de tránsito, un modelo imitado en el resto del país y el extranjero. Amante de las motocicletas Harley Davidson —solía pasear cada fin de semana en su monstruo de media tonelada—, había dedicado una buena parte de su carrera pública a diseñar programas de prevención criminal y de salud.

Mondragón llegó al gobierno federal de Peña Nieto y siempre se jactaba de que era por la relación personal que tenía con el presidente. No podía decirle que no cuando lo invitó, confió una vez en el edificio de la Policía Federal en el sur de la Ciudad de México, en una espaciosa y confortable oficina con vista panorámica al volcán Xitle, con una enorme vitrina en cuyos estantes había barcos y sombreros de policía de varios países, entre los que sobresalía el de un *Bobby* inglés. Ahí despachaba regularmente porque le quedaba a cinco minutos de su casa, y no tenía que desplazarse a las oficinas centrales de la Comisión Nacional de Seguridad, en el poniente de la capital.

Mondragón se llevó a cerca de 100 mandos policiales del Distrito Federal, con lo que desmanteló los cuerpos de segu-

[9] Alcoholímetro es como se conoce al programa "Conduce sin alcohol", que fue propuesto por el ex alcalde de Nueva York, y consultor internacional, Rudolph Giuliani a Marcelo Ebrard, cuando éste era secretario de Seguridad Pública en el gobierno de Andrés Manuel López Obrador en el Distrito Federal, y comenzó a aplicarse el 19 de septiembre de 2003.

ridad del gobierno entrante de Mancera. Para hacerles espacio, despidió a los policías más jóvenes, reclutados en la administración anterior con el mínimo de educación de licenciatura, y capacitados en Estados Unidos, Canadá y España. La propuesta de Mondragón al secretario Osorio Chong se sustentaba idílicamente en la estrategia metropolitana de la Ciudad de México. Como era de esperarse, no funcionó. "Nos propuso cuadrantes como en el Distrito Federal, sin entender que no teníamos ni los recursos humanos ni el dinero para movilizarlos", se quejó una vez un gobernador. "Una vez le dijimos: 'si te doy policías donde quieres, ¿quién patrullará el municipio?'"

No podía ser diferente. La Ciudad de México tiene características atípicas en relación con el resto del país. Su superficie es acotada y prácticamente urbana, sin problemas topográficos. Existe un mando único que controla 90 mil efectivos policiales, a los que además, de manera indirecta, se le suman la Policía Federal, la primera Zona Militar del Ejército, el Estado Mayor Presidencial, la Policía Ministerial de la PGR, el Cisen y los ejércitos privados de seguridad, que componen una muralla de acero táctica, operativa y de inteligencia ante los criminales.

Mondragón ordenó el repliegue de las fuerzas federales en el combate al narcotráfico. La lógica, de acuerdo con funcionarios, era que la violencia durante el gobierno de Felipe Calderón se había incrementado por enfrentar directamente a los cárteles de la droga. Sin embargo, esa forma de pensamiento era ingenua. La violencia en el sexenio de Calderón, en realidad, se había disparado por el cambio de incentivos en los cárteles: pasaron de no enfrentarse entre sí (negociaban territorios) para sobrevivir y evitar confrontar a las fuerzas federales, a matarse entre sí para sobrevivir. En lugar de golpear selectivamente a cárteles, como en el pasado, Calderón enfrentó a todos al mismo tiempo.

Como era de esperarse, la violencia no cesó con la medida de Mondragón. En algunos estados incluso aumentó, pues al dejar de enfrentar a los criminales, éstos aprovecharon los espacios abiertos y recuperaron posiciones. Esa doctrina permitió que renacieran grupos como la Familia Michoacana o los Caballeros Templarios.

De modo que la estrategia tuvo que cambiar en los primeros nueves meses del gobierno de Peña Nieto. La Policía Federal, que estaba replegada, salió de nuevo para combatir a la delincuencia y comenzaron los resultados. En otro campo también se dieron señales positivas. Por ejemplo, el 5 de abril de 2013, cuando la Policía Federal desalojó sin violencia a los maestros de la CNTE, que tenían bloqueada la autopista México-Acapulco. *Espartaco*, como se identificó al mando de la operación, José Luis Solís López, explicó que "la instrucción era muy clara: agotar los protocolos, recordar que la policía no iba a llegar a reprimirlos, que es lo primero que ellos piensan, invitarlos, exhortarlos (a que desalojen)".

Mondragón había empezado mal, pero le perdonaron que desmantelara Plataforma México, la gran base de datos criminal que, argumentaba, no generaba información de inteligencia. El Cisen se quedó con todos los equipos de intercepción de comunicaciones, los cuales permitieron, por recordar un caso público, salvar la vida al diputado y al senador Ricardo y David Monreal en abril de 2013.[10] Otros golpes al crimen organizado con autoría del Cisen resultaron de la información obtenida de esos equipos.

Durante el desmantelamiento, la Marina rescató todas las investigaciones de años contra los jefes de los cárteles de las drogas, en muchas de las cuales había contribuido con información, que tuvo su último resultado con la captura del *Chapo* Guzmán en febrero de 2014.

A partir de los nuevos componentes de la política de seguridad, el presidente Peña Nieto retomó una idea que le había propuesto Genaro García Luna durante el periodo de transición: crear una Gendarmería. Mondragón, quien se comportaba como el rebelde de la administración, se oponía abiertamente. "No es urgente", le dijo a un periodista al

---

[10] Fue Jesús Murillo Karam, entonces procurador general, quien llamó al diputado Monreal y le dijo que el Cisen había interceptado llamadas telefónicas donde se hablaba de su asesinato. Los hermanos Monreal, que eran muy beligerantes en sus tareas parlamentarias, se replegaron y bajaron su perfil. Los presuntos responsables del complot fueron detenidos y estuvieron dos años presos en El Altiplano. El 20 de mayo de 2015, los presuntos atacantes fueron exonerados porque la PGR no pudo acreditar la comisión del delito. Este caso no se sostuvo judicialmente, pero políticamente fue útil para inhibir las tareas parlamentarias de los hermanos Monreal.

poco tiempo de recibir la encomienda presidencial.[11] Mondragón descalificaba el nuevo cuerpo policial y argumentaba que ese modelo, que imitaba a la gendarmería francesa, no funcionaría nunca en México. Ni Mondragón ni sus jefes conocían el origen de la propuesta, y que el nombre que le dio García Luna no respondía a ninguna policía extranjera, sino a la utilización de un referente viejo de la ciudadanía, los antiguos gendarmes que eran una policía de proximidad.

Pese a la oposición de Mondragón, lo obligaron a iniciar su capacitación y organización. Y ante los desatinos en la lucha contra los cárteles, el gobierno rectificó la estrategia, con el Ejército y la Marina ocupando un lugar preponderante. Cuando Michoacán estalló, el alto mando militar excluyó a Mondragón de la planeación y las operaciones tácticas. El gobierno se apoyó en la Policía Federal, pero con su jefe, Enrique Galindo, no con Mondragón, que tenía meses congelado. El comisionado de Seguridad Pública ya no tenía gas para seguir volando en el gobierno, pese a que seguía ufanándose de su relación personal con el presidente.

Su salida, sin embargo, era la renuncia más anunciada del gabinete. El destino de Manuel Mondragón como comisionado nacional de Seguridad estaba decidido. "Se irá en oc-

---

[11] David Vicenteño, "Gendarmería no es urgente: Manuel Mondragón y Kalb", *Excélsior*, 22 de marzo de 2013.

tubre", decía una alta fuente del gobierno federal, quien adelantaba el fastidio con Mondragón en el otoño de 2013. Estaban decepcionados de que estuviera tan lejos de las expectativas que había creado su inclusión en el nuevo gobierno y que sus desaciertos fueran ya un problema para el presidente. Se le habían acumulado excesos personales y excentricidades. Una de las más notables fue haber convertido uno de los Black Hawk en un helicóptero ejecutivo. Mondragón pidió que le desmontaran las armas y que cambiaran sus asientos rígidos por unos elegantes de piel. Además, los miembros de la escolta para el doctor y su familia llegaban a sumar 150, quienes circulaban por la Ciudad de México en convoyes de más de 10 vehículos. En otra ocasión, en septiembre de 2013, cuando el huracán *Manuel* se estacionó sobre Guerrero y provocó enormes daños a la infraestructura del estado, Mondragón envió el Boeing 727 de la Policía Federal, utilizado para el traslado de unidades o presos, a rescatar a su familia que se había quedado varada en Acapulco.

El relevo de Mondragón no sería el relanzamiento de la estrategia contra el crimen, sino que se pretendía volver a la realidad a la Comisión Nacional de Seguridad, donde su cabeza, en picada y aislada, no generaba ningún activo y se había convertido en un lastre desde hacía tiempo. Meses después se descubrió que su sucesor no corregiría ninguno de los males que había hecho.

Adiós, Plataforma México

Todavía se llevará mucho tiempo en medir las dimensiones del daño que hizo Manuel Mondragón en materia de seguridad pública. Pese a las llamadas de atención en la prensa, al inicio del gobierno de Peña Nieto no se evaluaron con detenimiento las consecuencias que tendría el arranque no vigilado de Mondragón como comisionado nacional de Seguridad.

El presidente inició una ruta polémica que le causó sus primeras fricciones con el gobierno de Estados Unidos. En su calidad de nuevo subsecretario de Gobernación,[12] Mondragón ya había programado la destrucción de la obra máxima de tecnología e inteligencia policial en América Latina, Plataforma México, y el desmantelamiento de las unidades operativas de la Policía Federal. Una obra de 600 millones de pesos, la joya de la corona de la Iniciativa Mérida, sería sepultada, y las unidades que operaban tácticamente contra los criminales a partir de su inteligencia, difuminadas.

Según revelaron funcionarios que conocían sus planes, Mondragón tenía calendarizada la salida de los altos mandos que manejaban Plataforma México, capacitados durante casi seis años en Estados Unidos e Israel. Los primeros en salir serían el subsecretario Francisco Niembro, bajo cuya

---

[12] La Secretaría de Seguridad Pública Federal quedó disuelta al inicio de 2013. El 2 de enero se publicó el decreto mediante el cual todas sus facultades se transferían a la Secretaría de Gobernación.

responsabilidad se encontraba la herramienta, y todos sus segundos, que manejaban el área de la policía cibernética. Esta última se hallaba en un edificio con tecnología de punta en criminalística forense, para combatir los ataques terroristas en internet y redes sociales, y donde se construían bases de datos de todo tipo de huellas no humanas —las dactilares se encontraban en otra área—, como zapatos y herramientas. "Lo que están haciendo es bajar el *switch* de los sistemas", dijo un funcionario en diciembre de 2012. Además, ya se sospechaba que se incorporaría personal sin los conocimientos técnicos suficientes para que funcionara Plataforma México o para que procesaran su información.

Un ejemplo del desmantelamiento que se proyectaba ocurrió previo a la toma de posesión de Peña Nieto. Aquel día, en el que se desató una fuerte ola de violencia, decidieron no usar para labores de inteligencia los *drones* que había enviado Estados Unidos (idénticos al que emplearon en la operación donde murió Osama Bin Laden). Esos aviones no tripulados le habían ayudado al gobierno a hacer vuelos de reconocimiento y recopilación de inteligencia. Las aeronaves fueron utilizadas, por ejemplo, para conocer el tamaño de las fuerzas que iba a enfrentar la Policía Federal cuando intervino en Cananea o cuando ocupó el SME durante la toma de la Compañía de Luz y Fuerza. En cambio, Mondragón usó a grupos de choque, policías vestidos de civil, para enfrentar y reprimir a los manifestantes —algunos de los cuales, ciertamente, habían empleado una enorme violencia en sus choques con la policía federal— en San Lázaro, la sede de los poderes de la Unión donde Peña Nieto rendía la protesta como presidente.

Plataforma México era un monstruo en infraestructura operado por oficiales que habían sido sometidos a un control de confianza, por el tipo de información secreta y estratégica que se manejaba. En la planificación de Mondragón, no apareció como requisito el control de confianza, que sería otro de los problemas con Estados Unidos cuando descubrieron lo que estaba sucediendo con la herramienta para el combate criminal. Igualmente, el desmantelamiento se acompañó con la desaparición de las unidades operativas de la Policía Federal —tácticas y de inteligencia— y la reubicación de sus miembros en distintas tareas, con lo cual una de las áreas de los cuerpos de élite de las fuerzas de seguridad entró en vías de extinción.

La decisión de Peña Nieto —no se podía explicar el plan de Mondragón sin su autorización— contrastaba con lo que habían dicho varios de sus colaboradores durante la transición, respecto a no destruir lo construido, sino a profundizar el avance tecnológico y establecer la coordinación entre secretarías para aprovechar Plataforma México al máximo. Todo indicaba que las órdenes habían cambiado. Faltaba que explicaran cuál era la razón de ese giro que justificaba el fin de dicho instrumento y que se establecieran cuáles serían los otros métodos de investigación que ayudarían a pacificar el país.

Plataforma México no fue lo único que desapareció Mondragón. Desde los primeros días de su gestión mostraría sus intenciones. "Son muy exagerados", les dijo a sus colaboradores, después de revisar los procedimientos que seguía la extinta SSP. Mondragón le dio las siguientes instrucciones verbales a Patricio Patiño, que de subsecretario del Sistema Penitenciario Federal bajo el mando de Genaro García Luna había sido degradado a coordinador en la nueva estructura orgánica:

1. Distender la disciplina al interior del sistema de penales de máxima seguridad, alegando, sin sustento, temas de derechos humanos.
2. Cancelar la doctrina de servicio y esfuerzo del Sistema Penitenciario Mexicano mediante el cierre de la academia donde se formaban y desarrollaban los funcionarios penitenciarios.
3. Cancelar el reclutamiento de personal del Sistema Penitenciario Mexicano.

Patiño renunció cuando Mondragón no le quiso dar las instrucciones por escrito. Lo sustituyó quien era su segundo, Eduardo Gómez, quien también renunció días después por las mismas razones. Mondragón siguió adelante con su plan, exitosamente.

El comisionado

Días después de la fuga del *Chapo* Guzmán, el comisionado de la Policía Federal, Enrique Galindo, señaló que la única misión era su reaprehensión. "Que no quepa duda, las instituciones de la República ya lo detuvimos y estamos seguros de que lo volveremos a hacer", aseguró el funcionario. Eso no iba a ser posible. No había sido la Policía Federal bajo su cargo la que lo había recapturado en 2014, por lo que no tenía la información de inteligencia para saber siquiera dónde buscar.

Galindo no había estado en el gobierno federal cuando se inició la investigación para capturar al *Chapo* Guzmán desde el gobierno de Vicente Fox, ni cuando se redefinió la estrategia en el gobierno de Felipe Calderón. El comisionado había trabajado en el gobierno de San Luis Potosí como secretario de Seguridad Pública. En septiembre de 2009 fue llamado para formar parte del primer gabinete de Fernando Toranzo, quien 16 meses después, cuando el estado ya había sido tomado por los Zetas, lo despidió. Su salida fue brusca e inesperada. Posteriormente, tras un autoexilio académico en España, Galindo nunca imaginó que, en una reivindicación inexplicable, regresaría por la puerta grande de la Policía Federal. Toranzo lo destituyó por incompetente, pero Manuel Mondragón, futuro primer comisionado Nacional de Seguridad, lo nombró comisionado de la Policía Federal, responsable de la supervisión de poco más de 35 mil elementos.

Su nombramiento se dio el 25 de diciembre de 2012, en la temporada de menor audiencia política en el año, mediante un comunicado en el cual se subrayaron sus méritos académicos y se ocultaron todos los detalles de su paso como funcionario en San Luis Potosí, que no son nada irrelevantes. Galindo estuvo involucrado en escándalos públicos y fracasó como responsable de la seguridad pública potosina. El gobernador Toranzo le perdonó aspectos de percepción pública, como tener familiares cercanos sospechosos de actos delictivos, pero no le pasó algo que sí estaba en su esfera de responsabilidad, la seguridad. Toranzo recibió un estado en el umbral de ser envuelto por la vorágine del conflicto entre cárteles, al darse las rupturas de los hermanos Beltrán Leyva con el cártel del Pacífico, y la del Golfo con su vieja rama militar de los Zetas, que cambiaron el mapa del narcotráfico en México y la vida potosina.

San Luis Potosí había sido paso de narcotraficantes hasta 2007, cuando por los golpes al cártel del Golfo y a los Zetas en Tamaulipas se expandieron en busca de nuevos mercados en la frontera sur de ese estado. Cuando se dividieron y se realinearon las alianzas, la Familia Michoacana envió comandos —identificados por la policía como la Limpia y la Resistencia— a San Luis Potosí para acabar con los Zetas, y se abrió una batalla que convirtió a la entidad en uno de los nuevos campos de batalla de los criminales, con escenografías de cuerpos amputados y colgados, presuntamente de informantes y narcomenudistas. La responsabilidad de enfrentarlos y garantizar la seguridad era de Galindo, bajo cuya conducción policial el estado se incendió. En un primer momento, Toranzo le dio todo el respaldo e inclusive lo promovió como secretario ejecutivo adjunto del Sistema Nacional de Seguridad Pública, pese a no haber presentado los exámenes de control de confianza que se deben aplicar a todos los funcionarios en áreas de seguridad consideradas sensibles.

Galindo había estado indirectamente involucrado en un caso que sacudió a la comunidad potosina por el asesinato de una estudiante de 16 años en el Colegio Salesiano. El caso fue investigado por Julio Alfredo Ceballos Alonso, un viejo ex policía que acusó a uno de los sacerdotes de la escuela de ser el responsable, por lo que fue sentenciado a 33 años en prisión. Los salesianos demandaron a Ceballos Alonso en 2010 por haber difamado al sacerdote a partir de documentos oficiales que obtuvo ilegalmente. Ceballos pasó una temporada en la cárcel. El caso no sería relevante en la actualidad de no ser este ex policía hermano de la madre del comisionado de la Policía Federal. Éste no fue el único caso criminal en el cual su tío estuvo involucrado.

En 2003, Ceballos Alonso fue detenido por la PGR por presuntos vínculos con el crimen organizado, acusado de narcomenudeo. Años después, el Ejército detuvo a los operadores de Heriberto Lazcano y Jesús Enrique Rejón Aguilar, fundadores de los Zetas, junto con varias personas entre las que se encontraba el tío del comisionado de la Policía Federal. En todos esos casos Ceballos Alonso salió judicialmente librado, pero siempre lo acompaña la mala fama.

Desde luego, ni la mala fama de un familiar, ni ser cercano a una persona involucrada en casos polémicos o relacionados con la delincuencia organizada, son motivos para estigmatizar a ninguna persona. Sin embargo, cuando esta persona es nombrada comisionado de la Policía Federal, todos esos antecedentes deberían ser tomados en cuenta, pues al menos son un conflicto de interés y un punto débil en la carrera del funcionario, como se vio con la mala prensa con la que se recibió el nombramiento en 2012. Adicionalmente, su labor como secretario de Seguridad Pública potosina, tan deficiente a decir de los resultados, era otro ingrediente indispensable que tendría que haberse tomado en cuenta para su designación. El pasado de Galindo era imborrable. No obstante, Mondragón volvió a sorprender a todos con esa incorporación de dudosa calidad a la Policía Federal.

Galindo sobrevivió la caída de Mondragón y la llegada del nuevo comisionado Monte Alejandro Rubido. Tras la fuga del *Chapo* Guzmán se destituyó a Rubido, y Galindo volvió a sobrevivir la llegada del nuevo comisionado, Renato Sales, quien al ratificarlo dijo que la evaluación de su trabajo en la Secretaría de Gobernación "era bueno". El comisionado fue testigo de todo el desmantelamiento de los sistemas y procedimientos policiales, y del relajamiento que se dio en el área de seguridad. Los resultados de ese desmonte se irían viendo con el paso de los meses durante los primeros tres años del gobierno del presidente Peña Nieto, en donde Galindo, muchas veces, estuvo en el centro de la polémica.

LA REALIDAD DE LA PERCEPCIÓN

En los últimos 20 años, William J. Bratton se convirtió en el paradigma de lo que debe ser un jefe de policía. Bratton fue contratado en los noventa por el alcalde de Nueva York, Rudolph Giuliani, quien no sabía qué hacer con la violencia. Bratton había ganado fama como jefe policial en Boston, donde redujo los niveles de criminalidad, y Giuliani recurrió a él para salvarlo políticamente. En Nueva York instrumentaron la famosa política de "tolerancia cero", donde cualquier delito, por menor que fuera, sería castigado. Los resultados fueron tan sorprendentes que Bratton fue invitado a hablar con el equipo del presidente Ernesto Zedillo. En ese entonces, los secuestros y la criminalidad parecían como si tocara a cada una de las familias mexicanas.

Bratton les explicó que en Boston y Nueva York, en términos de lucha contra los criminales, no había hecho en un principio nada salvo trabajar las percepciones. Esas ciudades tenían en común que el metro era el símbolo de la violencia. Siguiendo la experiencia de Boston, en Nueva York mandó limpiar todo el grafiti y en Times Square, corazón del turismo, cambió la oficina de reclutamiento del Ejército por una subestación de la policía, y colocó jardineras. En ninguna de las dos, reveló Bratton, los índices de criminalidad se modificaron, pero la gente *sintió* que habían bajado.

Lo que hizo Bratton fue trabajar con las percepciones, que en política son más fuertes que la realidad. Las percepciones son un recurso para cualquier gobernante porque le permite construir espacio ante la opinión pública y ganar tiempo para aplicar políticas en el largo plazo. Bratton y Giuliani se dieron el espacio para que sus políticas contra los criminales dieran resultado, sin las presiones de la sociedad y los medios, al construir la ilusión de que las cosas habían mejorado. La estrategia inversa la desarrolló el ex presidente Felipe Calderón, quien se embarcó en una guerra contra los criminales y prácticamente todos los días recordaba que había que pagar una cuota de sangre para vivir mejor, lo que provocó el terror nacional.

Una estrategia similar a la que desarrollaron Bratton y Giuliani la comenzó a implementar en el arranque de su administración el presidente Enrique Peña Nieto, quien dijo que modificaría la estrategia en la lucha contra los criminales. En términos reales, no cambió nada, pues la promesa de pacificación del país se rompió rápidamente y la guerra contra el narcotráfico se renovó con igual violencia. Pero en un principio el giro fue radical en el campo de las percepciones. Del discurso presidencial desaparecieron las palabras "narco", "cárteles", "droga", "criminales" o "combate", permanentes en la boca de Calderón. De los comunicados de prensa desapareció el recuento diario de arrestos y caídos en esa lucha.

Ya no hubo spots en radio y televisión que mostraran detenidos, decomisos de dinero, armas, vehículos o propiedades. Cero noticias sobre esos temas, pero la pregunta permanecía: ¿había bajado la delincuencia? No. En diciembre de 2012, primer mes de gobierno de Peña Nieto, hubo 110 casos de violencia más que en diciembre de 2011, a un ritmo de 51.6 por día, entre los que se encontraron nueve niños y 66 mujeres, pero también 30 policías, 17 funcionarios estatales y municipales, y tres militares. Ese diciembre subió la violencia en Durango, Jalisco, Nuevo León y Zacatecas, contra el último diciembre de Calderón, y se mantuvo en los mismos niveles en Chihuahua, Coahuila, Estado de México y Sinaloa. Bajó, como venía la tendencia en 2012, en Guerrero, Tamaulipas y Veracruz. En términos estadísticos, la violencia subió, pero su percepción se redujo.

De ese modo, durante los dos primeros años del gobierno de Peña Nieto cambió el paisaje nacional con la desaparición de la información roja que quitaba tensión a la sociedad y bajaba la presión de los medios. Con esto, se abría el espacio para que se distribuyeran los recursos presupuestales y se desplegara la estrategia integral que propuso inicialmente el presidente, a fin de que la realidad se acercara a la percepción. Igual que en Boston y Nueva York. Muy distinto al México de Calderón.

En esa época, varios funcionarios del gobierno federal presionaron a los medios de comunicación para que dejaran de publicar las estadísticas mensuales sobre el número de muertos. El caso más claro de cómo estaban dispuestos en el gobierno de Peña Nieto a borrar la temática del combate al narcotráfico y la delincuencia de los medios de comunicación fue la gestión directa y frecuente para que el periódico *Milenio* dejara de difundirlas.[13] *El Universal*, que había comenzado el registro de muertos durante el gobierno de Felipe Calderón, también dejó de publicar su recuento de violencia. Los medios dejaron de difundir información criminal, pero no duró mucho tiempo. La estrategia criminal de Mondragón explotó y los medios, ante la crueldad de los cárteles de la droga y las pandillas, regresaron a su cobertura habitual sobre la delincuencia.

Fue en enero de 2014, durante la escala en Gander, Canadá, rumbo a la edición 44 del Foro Económico Mundial de Davos, cuando el presidente Peña Nieto habló por primera vez sobre la violencia y los cárteles de la droga con los periodistas que lo acompañaban. Era un preámbulo de las discusiones sobre la problemática del narcotráfico que se llevarían a cabo ese año en la ciudad suiza. En aquella ocasión,

---

[13] Las quejas de los funcionarios de la Presidencia por la difusión de las estadísticas de muertos se centraban en el columnista y responsable de Milenio Televisión, Ciro Gómez Leyva, quien fue relevado de todas sus responsabilidades en televisión en octubre de 2013. En enero de 2015, por el deterioro de su relación con la familia González, salió definitivamente del diario que ayudó a fundar.

el presidente tuvo que referirse a la violencia en su discurso durante una sesión especial y responder preguntas que le hicieron públicamente los representantes de los empresarios. Nada volvería a ser igual. La propaganda, como se diseñó, estaba a punto de ser demolida.

México rojo: ganó la realidad

La realidad alcanzó rápidamente los intentos del gobierno federal por modificarla a través de las percepciones. El cambio de estrategia de comunicación sobre el combate a la delincuencia organizada fue una bocanada de oxígeno al cambiar de tajo la política de información del gobierno de Felipe Calderón, donde todos los días se daba el parte policial de muertos, heridos, decomisos y una inagotable cantera de capos. La debilidad de la estrategia de Peña Nieto fue que la desaparición de la retórica de violencia del discurso se acompañó con otra estrategia: evitar la confrontación con los criminales.

La orden para policías federales y militares fue replegarse y abandonar los puestos de control que se habían establecido en carreteras y ciudades. Altos funcionarios federales lo negaban, pero funcionarios en varios estados confirmaron en su momento que el repliegue de las fuerzas federales era un hecho. Inclusive, según agentes federales en campo, un comandante que se topó en los primeros meses del nuevo gobierno con un convoy de un cártel en Coahuila, y lo enfrentó, fue arrestado cuando llegó a su base por haber violado la instrucción de no enfrentarlos.

La lógica detrás de esa orden, de acuerdo con la información que trascendió del gobierno federal, era que no deseaban que siguiera la contabilidad de muertos. Pero la externalidad fue más grave. Al abandonar los puestos de control, eliminaron los diques que se habían puesto a la delincuencia organizada. Una de las consecuencias, como ya se ha señalado, fue el fortalecimiento de la Familia Michoacana en el Estado de México, la reactivación de la guerra entre el cártel del Golfo y los Zetas en el norte de Tamaulipas, y la proliferación de grupos de autodefensa civil vinculados con el crimen organizado —cárteles y talamontes— en varias entidades. Altos funcionarios policiales revelaron a diplomáticos extranjeros que el diagnóstico entregado al presidente Enrique Peña Nieto por su equipo de transición sobre la violencia en el otoño de 2012 estaba mal. Pero era más grave de lo que creían.

Cuando Peña Nieto era presidente electo, miembros del equipo de transición en el tema de la seguridad decían con absoluta confianza que el problema se había acentuado porque no había coordinación entre las áreas responsables de proveerla. Ese diagnóstico era cierto, pues durante el gobierno de Calderón había tanta desconfianza entre los miembros del gabinete de seguridad, que además de enfrentar a los cárteles de las drogas y las mafias, se enfrentaban entre ellos mismos, lastimando el esfuerzo colectivo. Lo erróneo de ese análisis era reducir todo a la descoordinación, y no tomar en cuenta a los criminales, que aprovecharon los vacíos de autoridad en el país, mientras la autoridad no tenía aún el diseño de su nueva estrategia de seguridad para reposicionarse.

Como era de suponerse, la realidad alcanzó rápidamente la percepción. Pero no sólo eso. Las derrotas los empezaron a arrinconar. En 2013 el gobierno fue testigo directo de esa realidad. El sábado 16 de marzo se tenía previsto celebrar la reunión regional de seguridad con los gobernadores del noroeste del país, encabezada por el secretario de Gobernación, con la presencia de los secretarios de la Defensa, Salvador Cienfuegos, y de la Marina, Vidal Soberón, además del procurador Jesús Murillo Karam. La reunión cambió cuatro veces de horario y finalmente se celebró intempestivamente la noche del viernes. La reunión regional tuvo que realizarse en un hangar del aeropuerto de Culiacán por razones de seguridad.

El presidente Peña Nieto dispuso el envío de fuerzas federales a varios estados para reforzar a las policías locales en su lucha permanente contra los criminales. Pero los patrullajes de vigilancia preventiva como única estrategia, como era la instrucción, eran inútiles. La prevención del delito, su nuevo plan para disminuir la violencia, ayudaba en el largo plazo, pero no resolvía la inseguridad. El diseño de una nueva política contra criminales no podía pasar por la omisión de la realidad, porque la sangre de policías y militares que no quieren en las calles, después sería mayor cuando intentaran recuperar los territorios que les devolvieron a los cárteles por la omisión operativa. El gobierno se tardó demasiado en el despliegue de un plan de contención y combate a los criminales, y pagaron sus consecuencias.[14]

Ya llegó el lobo

Cinco meses habían pasado desde que Enrique Peña Nieto había asumido la Presidencia de la República, cuando cada vez más focos amarillos se prendían en Washington. El gobierno mexicano no los quería ver. Cuando la cancillería dijo que el enfoque del primer encuentro presidencial entre Enrique Peña Nieto y Barack Obama en México en mayo de 2013 sería en educación e infraestructura, el embajador Anthony Wayne aclaró: "La seguridad sigue en lo alto de la agenda". El secretario de Gobernación viajó a Washington en abril de ese año para tener su primera ronda de discusiones formales con sus contrapartes estadounidenses. Los norteamericanos quedaron tan desconcertados por lo que

---

[14] Dos casos fueron paradigmáticos en el campo de batalla contra los criminales. El primero fue la emboscada a la Fuerza Única de Jalisco el 6 de abril de 2015 en Soyatán, cerca de Puerto Vallarta, que dejó un saldo de 15 policías muertos. El segundo fue el 1° de mayo de 2015, cuando miembros del cártel Jalisco Nueva Generación derribaron un helicóptero del Ejército en Villa Purificación, Jalisco.

les dijo Osorio Chong, que el domingo 27 de abril el diario *The Washington Post* reveló un conflicto sobre la colaboración entre los dos países para acabar con los cárteles de la droga.[15]

El reportaje del *Post* lo escribió Dana Priest, corresponsal de seguridad nacional, lo que debería haber llamado adicionalmente la atención a México, para saber desde dónde buscaban que les prestaran atención. El diario refirió la reunión del equipo de transición de Peña Nieto a 15 días de la toma de posesión en la Embajada de Estados Unidos, con Wayne y los representantes de las agencias de inteligencia, donde Osorio Chong señaló que el propósito del nuevo gobierno era reducir la violencia. "El gobierno de Estados Unidos no sabía qué significaba", dijo el *Post*. "Algunos temían la reducción de los esfuerzos bilaterales y la disposición de cambiar la incansable campaña contra los cárteles por calles más calmadas". Es decir, un pacto de Peña Nieto con los cárteles de las drogas, cuyos temores se habían intensificado.

En su primera visita a Washington, Osorio Chong aseguró —de acuerdo con dos fuentes consultadas— que la violencia había bajado a tales niveles que ya no era un tema en la prensa, pero le replicaron que creían que se debía a que el gobierno de México estaba censurándola. Ante los ojos estadounidenses, fueron más graves aún las definiciones de

---

[15] Dana Priest, "U.S. Role at a Crossroads in Mexico's Intelligence War on the Cartels", *The Washington Post*, 27 de abril de 2013.

la nueva relación bilateral en temas de seguridad que se plantearon. Según el *Post*, Peña Nieto no se involucraría en la seguridad como lo había hecho Felipe Calderón, tampoco se trabajaría coordinadamente con las agencias de seguridad de ese país, ni se compartiría la información de inteligencia como en el sexenio anterior.

Esto podía significar que sería evacuado el personal estadounidense en los tres cuartos de guerra secretos en Acapulco, Juárez y Tijuana que operan policías y militares de ambos países, los centros de inteligencia independientes —uno de ellos dentro del Cisen— de mando similar, y los de inteligencia conjunta que maneja la CIA en la Ciudad de México y la DEA en Monterrey, descritos por el *Post*. El volumen de información confidencial que aportaba el diario iba acompañado por una insólita entrevista que les concedió Guillermo Valdés, el viejo amigo de Calderón, ex director del Cisen, quien de manera abierta habló de esa cooperación secreta.

Tanta información entregada al *Post* no es algo que debía ser visto por el gobierno mexicano con indiferencia y, aunque no quisieran admitirlo, negligencia. El detalle de todas las operaciones secretas representaba una presión pública para el gobierno de Peña Nieto, que había cambiado el énfasis en la lucha criminal mediante la cancelación de una estrategia de disuasión. El resultado fue no sólo que se incendiaron las narcozonas, sino que la ausencia de controles del Estado hizo resurgir a los focos guerrilleros y la desestabilización avanzó en el sur del país. Ya no era un tema exclusivamente de seguridad pública, sino de seguridad nacional que, deliberada o involuntariamente, se les juntó, los contaminó y probó que el modelo no servía y que provocaría los golpes políticos más severos al presidente de la República.

Después de todo, lo que requería el gobierno mexicano era una estrategia de contención criminal para encarar a los estadounidenses, que no dejaba de sangrar por la herida causada por el cambio de los términos de la relación en materia de seguridad. Debe recordarse que el nivel de colaboración del gobierno de Calderón llegó a niveles de subordinación y sumisión ante Washington. El propio concepto de "guerra contra el narcotráfico" provino de la DEA en una reunión secreta que tuvo en 2006 el jefe de la agencia en México con el ex presidente en Cuernavaca.

Tal nivel de cooperación no tenía precedentes en la historia de México. Por ejemplo, el operativo donde murió Arturo Beltrán Leyva en Cuernavaca en diciembre de 2009 fue hecho por comandos de la Marina entrenados por la CIA y la DEA, quienes recibían las instrucciones del mando en inglés. Algunas de las unidades de élite, inclusive, incorporaban a miembros que no hablaban el español mexicano y que portaban como símbolo tatuajes más similares a los que algunos cuerpos de seguridad privados tenían en Afganistán e Irak.

El gobierno de Calderón autorizó a portar armas y a dirigir operaciones tácticas dentro de territorio mexicano, con lo que cambió toda una doctrina mexicana contra la intervención estadounidense. De esa manera se construyeron bases de entrenamiento en Querétaro y otras localidades, manejadas por la CIA, la DEA y con uso de contratistas privados. México siempre se negó a persecuciones en caliente, como se llama a las persecuciones en tiempo real, que penetraban el territorio mexicano, hasta que el ex presidente las autorizó. Siempre se había impedido que las campañas contra el narcotráfico se diseñaran en Washington, a lo que se accedió en la administración calderonista hasta permitir a Estados Unidos decidir con qué rama del gobierno trabajaban en México y a quién vetaban. No ha de pasarse por alto que la PGR, bajo el mando de Eduardo Medina Mora, autorizó que agentes de la DEA participaran en interrogatorios y que fueran ellos quienes hablaran con los detenidos antes que los ministerios públicos federales.

La entrega, si no total porque dentro del gobierno mexicano hubo resistencias, sí fue inmensa, avalada por toda una clase política que no cuestionó el sometimiento. México se convirtió en una especie de Irak o Afganistán, donde sus gobiernos títeres reciben instrucciones de Washington.

En ese contexto, a la Casa Blanca no le gustó nada que el gobierno de Peña Nieto cambiara las reglas del juego. Sin embargo, para que el presidente ganara también el consenso nacional que lo fortaleciera, tendría que haber empleado claramente una política de disuasión criminal, sin retórica, y evitar en paralelo la descripción del gobierno de Barack

Obama, quien afirmó que al gobierno mexicano le interesaba sólo lo "cosmético". Y sí, el énfasis del gobierno de Peña Nieto siempre fue en lo cosmético, en lo mediático, por encima de las soluciones de fondo. Se vería, abierta, públicamente, poco tiempo después.

SEGURIDAD EN ZIG-ZAG

El silencio en la prensa sería tan solo uno de los elementos que contribuirían al desastre en la política de seguridad. Desde el principio, el gobierno de Peña Nieto fue vacilante e inclusive contradictorio en ese rubro. Como se ha descrito, la administración priísta comenzó por enviarle un mensaje confuso a Estados Unidos, su principal aliado. Entre otras enmiendas, se dijo que a partir de la nueva administración se modificarían los términos de la cooperación en la que se había embarcado Felipe Calderón. A partir de entonces, todo se concentraría en una llamada "ventanilla única", a cargo del director del Cisen, Eugenio Ímaz. Desconcertado, Barack Obama envió en un viaje relámpago a México a la secretaría de Seguridad Territorial, Janet Napolitano, que en diciembre de 2012 llegó a preguntar qué se estaba haciendo y para dónde iban, por qué lo que habían ofrecido días antes al vicepresidente Joseph Biden, había desaparecido de la agenda.

De acuerdo con las personas que conocieron el detalle de esas pláticas, Napolitano se refería a un ofrecimiento de cooperación bilateral planteado por el equipo del presidente entrante Peña Nieto, para que México colaborara con Washington en la lucha contra la delincuencia organizada en Centroamérica. En esa región la presencia de cárteles mexicanos y mafias de tráfico humano había provocado una severa inestabilidad. Cuando se le hizo a Biden este planteamiento, en medio de un proceso de revigorización de la inteligencia, la cara del vicepresidente se iluminó, recordó una de las personas que asistieron al encuentro. No era para menos.

Durante dos años, Estados Unidos había presionado a México para que combatiera las mafias en Centroamérica, en una réplica de lo que los norteamericanos hacían a lo largo del territorio nacional. Pese a la insistencia de la canciller calderonista Patricia Espinosa, el gabinete de seguridad opuso resistencia a los deseos de Washington y nunca se hizo nada. El ofrecimiento del equipo de Peña Nieto revivió la idea estratégica de Estados Unidos, pero vieron que ocurría exactamente lo contrario cuando el nuevo gobierno desmanteló la estructura operativa de Plataforma México. Los jefes policiales y los agentes que habían pasado los controles de confianza que exigía Estados Unidos comenzaron a ser remplazados por quienes no los tenían. El inesperado viaje de Napolitano reflejaba también esas preocupaciones.

La reacción gubernamental fue vaga. Miguel Ángel Osorio Chong dijo que se iba a nombrar a un comisionado de inteligencia —*zar*, se le definió originalmente— que fuera el responsable de recopilar la información de todas las áreas del gobierno mexicano, procesarla y entregarla a la Secretaría de Gobernación, con lo cual buscarían evitar la falta de comunicación que había prevalecido en el gabinete de seguridad calderonista. Eso nunca sucedió.

Si bien la cooperación con Estados Unidos en materia de seguridad estuvo llena de tropiezos durante el primer medio del sexenio de Peña Nieto, el gobierno de Barack Obama mostraba públicamente su respaldo al mexicano. Sin embargo, el escenario se trastocaría de manera inopinada con dos sucesos en los que se reflejó la tensión y la molestia real de Estados Unidos con México: la captura del *Chapo* Guzmán en febrero de 2014 y su evasión en julio de 2015.

La resaca

El 29 de julio de 2015, al hablar ante el consejo directivo de BlackRock —que administra activos en más de 100 países—, el presidente Enrique Peña Nieto afirmó que la relación con el gobierno de Estados Unidos transitaba por uno de sus mejores momentos. Ese mismo día, la PGR distribuyó una fotografía del jefe de la Agencia de Investigación Criminal, Tomás Zerón, tras reunirse en Texas con "altos funcionarios" del FBI, la DEA, el Servicio de Inmigración y Aduanas, y de la Agencia de Alcohol, Tabaco, Armas de Fuego y Explosivos, para hablar sobre las acciones para recapturar a

Joaquín Guzmán. Las imágenes eran el claroscuro del sexenio: mucha propaganda aquí, mucho desdén allá. [16]

El discurso del presidente no se sostenía y la fotografía era prueba de ello. En el pasado, los actos para mostrar la cooperación bilateral los encabezaban los secretarios de Estado. Hoy, en una oficina regional en Texas, un tercer nivel de policías recibió al segundo nivel de la PGR. La "ventanilla única" que estableció el gobierno de Peña Nieto en la cooperación con Estados Unidos se había atascado. El director del Cisen, Eugenio Ímaz, no aparecía por ningún lado. Zerón también era un cero a la izquierda. Para efectos prácticos, no podía recibir inteligencia sensible de Washington por carecer del doble *vetting*, que es una investigación que realizan los servicios de inteligencia estadounidenses para ver si pueden confiar en esa persona.

La "ventanilla única" buscó cerrar el derecho de picaporte y los privilegios extraordinarios que gozaron las agencias de inteligencia en el gobierno anterior, pero el diseño del gobierno lo colocó en el extremo. Nombró al frente del combate contra la delincuencia a funcionarios sobre los que hay sospechas de corrupción en Estados Unidos, que se incrementaron cuando detuvieron en el gobierno los controles de confianza. En la PGR se enfriaron las relaciones con la embajada, y del comisionado Manuel Mondragón sólo había comentarios peyorativos.

[16] El jefe de la Agencia de Investigación visitó el Centro de Inteligencia de El Paso, Texas. Ese centro tiene información estadística y no maneja información de inteligencia.

El cambio en el discurso oficial no ayudó. Ya vimos cómo se intentó establecer, sin mucho éxito, una política de combate a la delincuencia enfocada exclusivamente en la prevención, y cómo en consecuencia Mondragón replegó a la Policía Federal y dejó de enfrentar criminales. En cualquier caso, la violencia no bajó en términos cuantitativos; en realidad, se maquillaron las cifras mediante nuevos parámetros para medirla: todos los muertos en una averiguación previa se contaban como uno y no en forma individual. El discurso era que la violencia era menor que en el gobierno de Calderón, pero eso no era cierto. Durante los primeros 32 meses de Calderón, el total de averiguaciones previas por homicidio doloso fue de 33 mil 347; durante el mismo periodo, en el gobierno de Peña Nieto, la cifra ascendió a 57 mil 410.[17]

Durante la primera mitad del gobierno de Peña Nieto los cárteles se habían fortalecido y, en lugar de corregir el rumbo, el gobierno se enredó más. Optó por aliarse de facto con el cártel Jalisco Nueva Generación al aceptar, fomentar y armar a los grupos de autodefensa en Michoacán para enfrentar a los Templarios. Peña Nieto le pidió al presidente Barack Obama cambiar el énfasis de la Iniciativa Mérida, y que en lugar de equipo, armas y helicópteros, se enfocara en el fortalecimiento del Estado de derecho. Las cosas ya habían cambiado.

[17] Enrique Mendoza Hernández y Adela Navarro Bello, "Tercer Informe de Peña: 57 mil 410 ejecuciones", *Semanario Zeta de Tijuana*, 31 de agosto de 2015.

La subsecretaria de Estado para Latinoamérica, Roberta Jacobson —designada posteriormente como embajadora en México—, molesta por la forma como habían descarrilado la cooperación, le pidió a Obama que redujera a la mitad el presupuesto de la Iniciativa Mérida. La DEA estaba escandalizada por el desmantelamiento de Plataforma México. El entonces procurador Jesús Murillo Karam también había decidido que todos sus subprocuradores estuvieran exentos de los controles de confianza y el polígrafo. Mondragón hizo lo mismo en la Comisión Nacional de Seguridad. Sin esos controles, la información de inteligencia de Washington bajó aún más en su calidad. Se robustecía la vieja sospecha que se tenía en Washington de que el regreso del PRI a la presidencia, de la mano de Peña Nieto, sería "cerrar los ojos a los cárteles de la droga".[18]

El caso paradigmático de esa crisis en la cooperación y la molestia estadounidense fue precisamente la captura del *Chapo* Guzmán. La investigación bilateral llevaba siete años y el teléfono de su segunda esposa —por el cual detectaron su posición en Mazatlán— estaba interceptado desde 2011 —cuando dio a luz a gemelas en Los Ángeles—, en espera de que el capo cometiera un error. Cuando Guzmán lo cometió al descuidar sus comunicaciones, la DEA lo ubicó en

---

[18] Rory Carroll, "US concerned Mexico's new president may go easy on drug cartels", *The Guardian*, 2 de julio de 2012. El diario inglés *The Telegraph*, el de mayor circulación entre los periódicos de información general en el Reino Unido, tituló el 18 de julio: "Was *el Chapo* deliberately realesed from prisión?" ("¿Fue deliberadamente liberado de la prisión *el Chapo*?").

Sinaloa e informó a México, pero una filtración a la prensa de fotos de la nuera del *Chapo* en Cancún —que sólo tenían la PGR y la Comisión Nacional de Seguridad—, tomado como un intento de aviso al narcotraficante, aumentó la molestia y precipitó su captura con la ayuda de la Marina.

Por diseño, durante el gobierno de Calderón el combate contra los cárteles de las drogas fue definido mediante lo que llamaban "blancos de búsqueda". La responsabilidad primaria de buscar al *Chapo* Guzmán recayó en la Marina, que durante los seis años de gobierno de Vicente Fox había estado excluida de esa persecución (el responsable era el Ejército con el apoyo de la PGR y el Cisen). En la administración de Calderón, la Marina fue apoyada por el Ejército y la SSP, así como por las agencias estadounidenses DEA, FBI y CIA. En el gobierno de Peña Nieto, esos lazos de colaboración se evaporaron.

Al romperse la cooperación y dispersarse la información de inteligencia que tenía la Policía Federal en el gobierno de Calderón, el gobierno de Peña Nieto perdió el control de la investigación. Lo que se había construido era un ciclo de información de inteligencia para descifrar y ampliar el nivel de conocimiento del fugitivo. La investigación sobre *el Chapo* se conformó con la intercepción de sus comunicaciones, las de su familia, sus redes de vínculos, su logística y operación. Asimismo tenían identificadas sus debilidades: ésa fue la razón por la que estaba con su esposa cuando fue recapturado en Mazatlán.

Lo que es cierto es que la información de la captura la dio a conocer el gobierno de Estados Unidos en Washington. El presidente Peña Nieto se enteró cuando ya todo se había consumado. El 22 de febrero de 2014, una alerta de noticias de la agencia Associated Press dio a conocer la captura. La información de la agencia estadounidense decía:

MÉXICO (AP).– A miles de kilómetros de distancia de Mazatlán, lugar donde fue capturado Joaquín Guzmán Loera, surgió la primera confirmación de la noticia que más tarde daría la vuelta al mundo.

Un alto funcionario estadounidense dijo a la agencia The Associated Press que Guzmán Loera fue capturado con vida por marinos mexicanos en un condominio de la costa del Pacífico.

El funcionario habló bajo condición de anonimato y pidió no ser identificado por no estar autorizado a hablar sobre la detención. El Departamento Antidrogas de Estados Unidos, DEA, y el Servicio Federal de Alguaciles estuvieron "fuertemente involucrados" en la captura, dijo el funcionario a la AP. [19]

Desde el principio Washington dejó claro quién tenía información y quién no. Cuando Guzmán se volvió a fugar, se encargaron de filtrar a la prensa que habían enviado dos aler-

---

[19] La noticia la distribuyó primero a través de un *tuit*: "BREAKING NEWS: US oficial: Sinaloa drug chief 'Chapo' Guzmán arrested by US, Mexican authorities in Mexico", Associated Press, 22 de febrero de 2015.

tas al gobierno de Peña Nieto, a las cuales no hicieron caso. Por su parte, Roberta Jacobson declaró: "Estamos increíblemente frustrados y decepcionados por el escape del *Chapo* Guzmán. Trabajaremos con el gobierno mexicano para recapturarlo lo antes posible". [20]

Por su parte, la fotografía de Zerón en Texas era la imagen viva de cómo la relación bilateral en materia de seguridad estaba reducida al ámbito policial. La arquitectura de Peña Nieto y su equipo de esa política de seguridad y cooperación con Estados Unidos los puso en desventaja en la cacería contra *el Chapo* Guzmán, y a merced de Washington. Pero eso querían. Éstas fueron las consecuencias.

[20] Las palabras de la subsecretaria Roberta Jacobson fueron pronunciadas durante la audiencia ante el Comité de Relaciones Exteriores del Senado, para revisar su nominación como nueva embajadora en México, el 16 de julio de 2015.

Joaquín Guzmán ya había estado en El Altiplano en 1993.
Dos años más tarde, lo trasladaron a Puente Grande, de
donde se fugó por primera vez.

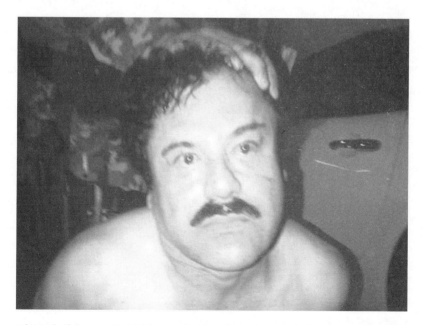

El 22 de febrero de 2014, un alto funcionario estadounidense filtró a la
agencia AP que *el Chapo* había sido capturado por marinos mexicanos
en un condominio de la costa del Pacífico. La foto fue publicada por
The New York Times.

Iván Guzmán.
@IvanArchivaldo

🐦 Seguir

No miento e llorado pero es de hombres y ahora va la mía, traigo gente armada y les prometo que el general pronto estará de regreso.

18:52 - 8 Mayo 2015

↩ 🔁 547 ★ 877

Las autoridades desestimaron los mensajes en Twitter de uno de los hijos del *Chapo*, donde adelantaba que pronto estaría en libertad.

© María José Martínez / Cuartoscuro

El 13 de julio de 2015, Miguel Ángel Osorio Chong, secretario de Gobernación, y Arely Gómez, procuradora general, ofrecieron una conferencia de prensa donde detallaron el curso de las investigaciones sobre la evasión.

En febrero de 2014, antes de su segunda detención, Guzmán Loera logró escapar de un operativo de la Marina en Culiacán. En las imágenes se muestran los túneles que conectaban a distintas casas de seguridad en la colonia Libertad de esa ciudad.

Celda número 20 del penal del Altiplano, donde estaba recluido Guzmán Loera.

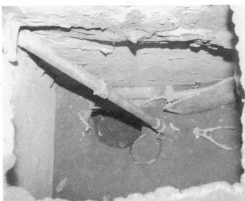

En la imagen se aprecia el boquete en la regadera de la celda que conectaba con un túnel de más de un kilómetro y medio de longitud.

Autoridades federales abrieron a los medios el túnel por donde se fugó el narcotraficante.

El 13 de julio de 2014, Miguel Ángel Osorio Chong, Monte Alejandro Rubido, Enrique Galindo Ceballos y otros funcionarios acudieron a la casa en donde desembocaba el túnel del escape.

El 14 de julio de 2015, Monte Alejandro Rubido, el entonces titular de la Comisión Nacional de Seguridad, presentó los videos del momento en que escapó Guzmán Loera.

El funcionario que tenía la información histórica de la investigación sobre *el Chapo* era Ramón Pequeño, jefe de la División de Inteligencia de la Policía Federal.

Celina Oseguera Parra, ex coordinadora de los Centros Federales de Readaptación Social, fue la funcionaria pública de mayor rango entre los detenidos por la evasión.

Cuando ocurrió la detención de febrero de 2014, el procurador Jesús Murillo Karam baladroneaba que Estados Unidos tendría que esperar de 200 a 300 años para que el jefe del cártel del Pacífico les llegara extraditado.

El comisionado de la Policía Federal, Enrique Galindo Ceballos (izquierda), sobrevivió la caída de Manuel Mondragón y la llegada de Monte Alejandro Rubido. Tras la fuga se destituyó a Rubido, y Galindo volvió a sobrevivir la llegada del nuevo comisionado, Renato Sales Heredia (derecha).

Durante el sexenio de Felipe Calderón, se creó Plataforma México, la gran base de datos criminal.

En la génesis de la actual crisis política estuvo Manuel Mondragón (izquierda), reclutado como comisionado Nacional de Seguridad mediante una encuesta de popularidad, y a quien su jefe, Miguel Ángel Osorio Chong, le permitió durante casi dos años llevar a cabo el desmantelamiento de Plataforma México.

2

¿A quién se le ocurrió la estrategia?

Paramilitares autorizados

Los vacíos que dejó la política inicial del gobierno de Peña Nieto en materia de combate criminal se calentaron rápidamente. En Guerrero y Oaxaca, en las zonas donde el EPR surgió a mediados de los noventa, brotaron policías comunitarias que tomaron la justicia por propia mano con la bendición federal. En aquel momento se descubrió que algunos integrantes de esas policías eran en realidad comandantes guerrilleros a quienes habían armado y empoderado. Más tarde, se extendieron a Chiapas, Chihuahua, Jalisco, Michoacán, Morelos y Veracruz. Así, las regiones grises de ilegalidad se multiplicaron como hongos por todo el país, despertando la alarma de los gobernadores ante el monstruo que estaba creciendo en forma de grupos de autodefensa civil.

Las policías comunitarias no eran un fenómeno nuevo, pero en el pasado habían tenido la responsabilidad de coadyuvar con las autoridades, no de sustituirlas. Sus términos cambiaron durante la presente administración priísta. En varios municipios el territorio les pertenecía a ellos, sin que permitieran el libre tránsito y la libertad de movimiento, llegando incluso al secuestro.

Los anticuerpos del Estado mexicano, en voz de algunos gobernadores y legisladores, alertaron sobre lo pernicioso de la laxitud con la que se estaba abordando el fenómeno de las autodefensas, pero la Secretaría de Gobernación insistía en que era por la vía de la negociación como pensaban resolver la anomalía. La pasividad, a fin de cuentas, era lo que dominaba, por no pensar en peores motivaciones que podrían haber animado la lógica del gobierno.

Al inicio de la administración, el secretario Osorio Chong hizo una declaración cuya dimensión tal vez no fue bien medida ni por él ni por su jefe, el presidente Enrique Peña Nieto. Al aceptar que el gobierno federal mantenía un diálogo con los grupos de autodefensa civil en Michoacán y reconocer que protegía a uno de sus líderes porque combatía a los Caballeros Templarios, Osorio Chong admitía tácitamente que el gobierno claudicaba a su responsabilidad primaria de proveer seguridad a los ciudadanos, y que estaba dispuesto a asociarse con delincuentes para combatir a otros delincuentes. Bajo la premisa de que el fin justificaba los medios, el titular de Gobernación confirmó que la ley en México es discrecional.

Las autodefensas en Michoacán habían usurpado la función gubernamental de brindar seguridad en al menos 44 municipios. En varias cabeceras los alcaldes no podían desempeñar las tareas para las que habían sido electos. Los grupos de autodefensas estaban armados con fusiles M-16 y R-15, reglamentarios del Ejército, o con AK-47, conocidos como "cuernos de chivo", los cuales utilizan los cárteles de las drogas, como se podía apreciar en las imágenes de la prensa. Al hacerlo, violaban el artículo 17 constitucional que establece que "ninguna persona podrá hacerse justicia por sí misma, ni ejercer violencia para reclamar su derecho", y la Ley de Armas de Fuego y Explosivos que prohíbe la portación de pertrechos militares.

El secretario de Gobernación soslayaba la realidad de que estaban violando la ley en el florecimiento del fenómeno paramilitar, pero no la desconocía cuando señalaba que estaban en diálogo con los paramilitares para que depusieran las armas. El secretario se doblegaba al decir en público que conversaba con grupos armados al margen de la ley, para que de manera voluntaria le dieran permiso al gobierno de cumplir su obligación constitucional. Lo grave no paraba ahí. Osorio Chong decía tener razones concretas por las cuales no utilizaba la fuerza del Estado para someter a una insurgencia disfrazada de policía civil, ni actuaba en contra de sus líderes: en el combate contra los Caballeros Templarios, decía, eran sus aliados tácticos.

La diada planteada por el secretario de Gobernación —delincuentes buenos, los paramilitares; delincuentes malos, los narcotraficantes— era el prólogo de la catástrofe política en el ejercicio del gobierno mexicano. Habían dejado atrás el uso de comandos extra legales como la Brigada Blanca, creada por el gobierno en los años sesenta para combatir y aniquilar a las guerrillas mexicanas, para utilizar de manera abierta a paramilitares michoacanos. Los excesos que cometió la Brigada Blanca, compuesta de policías y soldados, produjeron los años negros de la guerra sucia, que mantiene abiertas heridas muy profundas. El escenario que dibujó Osorio Chong era una nueva guerra sucia, con la participación indirecta de las fuerzas de seguridad. ¿A quién se le había ocurrido tal estrategia?

A mediados de diciembre de 2013 aparecieron narcomantas en ocho municipios de Tierra Caliente, donde se acusaba al general colombiano Óscar Naranjo, asesor de Peña Nieto en materia de seguridad, de ser el responsable de la creación de esos grupos. Naranjo no respondió nada.[1]

Los paramilitares michoacanos surgieron con la presencia del general Juan Ernesto Antonio Bernal Reyes como jefe de la XXI Región Militar, con sede en Morelia.[2] Desde la dé-

---

[1] El general retirado Óscar Naranjo fue director de la Policía Nacional de Colombia y participó en las operaciones contra el cártel de Medellín. El 15 de junio de 2012, después de haber sido prácticamente reclutado por la campaña de la panista Josefina Vázquez Mota, se anunció que se incorporaba a la de Enrique Peña Nieto. Naranjo, quien seguiría con Peña Nieto hasta el 24 de enero de 2014, había sido recomendado por el Tecnológico de Monterrey, que sufragaría parte de sus gastos mientras estuviera en México. A quien envió Peña Nieto a hablar con él a Bogotá fue a Carlos Iriarte, quien era presidente del PRI en el Estado de México, y uno de los hombres más cercanos al entonces candidato.

[2] Actualmente el general Bernal Reyes es comandante de la VIII Región Militar en Oaxaca.

cada de 1990, Bernal ha sido el experto del Ejército en movimientos armados. Existen videos y fotografías donde las tropas a su mando respaldaban a los grupos de autodefensa civil. ¿Acaso fue él quien propuso la estrategia? ¿Fue el operador de un diseño construido en la Ciudad de México? Esto sigue siendo un secreto de Estado. Públicamente sólo se supo que Alfredo Castillo fue quien armó a las autodefensas en su calidad de comisionado federal para la Seguridad y el Desarrollo Integral de Michoacán.[3]

Los grupos de autodefensa nacieron en febrero de 2013 en Tepalcatepec, Buenavista y Tomatlán, de la mano de los hermanos Farías Álvarez. Juan Manuel fue alcalde de Tepalcatepec y uno de los detenidos por la PGR en el llamado "Michoacanazo"; Uriel está involucrado en la investigación de Zhenli Ye Gon, el empresario de origen chino que importaba precursores químicos de China para el cártel del Pacífico. La figura del *Chapo* aparecía como la variable permanente en las estrategias de seguridad que el gobierno había puesto en práctica, lo cual despertó en aquel entonces suspicacias sobre un pacto con él. Su captura, tiempo después, sofocaría esas denuncias, cuando menos hasta su fuga.

---

[3] Alfredo Castillo forma parte de un trío de viejos amigos inseparables, junto con Humberto Castillejos, consejero jurídico de la Presidencia, y Alberto Bazbaz, jefe de la Unidad de Inteligencia Financiera de la Secretaría de Hacienda. Fue designado el 15 de enero de 2014, como comisionado para la Seguridad y el Desarrollo Integral en Michoacán. Un año después, en enero de 2015, dejó el cargo.

Michoacán se convirtió así en una gran disfuncionalidad en la estrategia del gobierno. Dicho estado era un claro ejemplo de la dislocación del sistema de seguridad que crearía las condiciones para la evasión del *Chapo* Guzmán.

EJÉRCITO Y POLICÍA: VÍCTIMAS INSTITUCIONALES

La primera víctima institucional fue el Ejército. La estrategia aplicada en Michoacán tendría consecuencias políticas que nunca pudieron anticipar en el gobierno federal, y que se extendieron a otros estados. La inclusión del Ejército en operaciones legalmente cuestionables, donde recibieron instrucciones de apoyar a grupos paramilitares y de no intervenir en los enfrentamientos con bandas criminales, tuvo graves repercusiones. Uno de los casos paradigmáticos fue la desaparición de los 43 normalistas de Ayotzinapa la noche del 26 de septiembre de 2014.

La "barbarie" de Iguala, como la calificó el presidente Enrique Peña Nieto, involucró al Ejército con la desaparición de los estudiantes, por el comportamiento no explicado de los miembros del 27 Batallón de Infantería. Enterado de lo que estaba sucediendo esa noche, en lugar de actuar de inmediato para proteger a la población civil, dicho batallón bloqueó los accesos y las salidas de la ciudad, con lo que contribuyó a una matanza y al secuestro.

El 15 de octubre de 2014, un testimonio publicado por el periódico *El Sur* reveló que la noche del 26 de septiembre el Ejército y la Policía Federal acordonaron el área para impedir la presencia de civiles mientras policías y criminales reprimían a los normalistas a dos kilómetros de su base. Los estudiantes fueron atacados dos veces a las 21:00 horas, y los militares no respondieron. Tres horas después volvieron a atacarlos y el Ejército tampoco se presentó. Ahí fue cuando secuestraron a los 43 que están desaparecidos. Cuando los padres de las víctimas pidieron explicaciones al coronel Rodríguez Pérez, éste respondió: "Nos enteramos al último".

La forma como actuó el Ejército aquella noche en Iguala no fue inusual, y sus raíces inmediatas se podían ver en Michoacán. El Ejército armó y protegió a grupos paramilitares en Michoacán que iniciaron la guerra contra los Caballeros Templarios. Sin manchar las manos de las instituciones y sin causarle ninguna baja —uno de los objetivos de esta administración—, fueron aniquilando a ese cártel y matando o entregando a sus líderes. Los antecedentes del aval a grupos de autodefensa emanados de las legiones de sicarios al servicio del cártel Jalisco Nueva Generación, que trabajaba para *el Chapo* Guzmán, introdujeron dudas permanentes sobre las razones estratégicas de las autoridades federales.

La otra institución que se desgastó fue la Policía Federal, cuya política de respaldo a las autodefensas michoacanas cruzó por completo la frágil línea entre la dureza de las fuerzas de seguridad y el abuso de autoridad. Un pequeño municipio cercano a Jalisco fue el arquetipo: Tanhuato.

Este pequeño poblado de Michoacán se convertiría en el ejemplo más refinado del momento en que una política para combatir el crimen se vuelve en sí misma un crimen. El 22 de mayo de 2015 murieron en ese lugar 42 presuntos miembros del cártel Jalisco Nueva Generación, en una operación de la Policía Federal que terminó en matanza. La Policía Federal cubrió el abuso de su fuerza mediante la alteración de pruebas, el ocultamiento de evidencia y la *siembra* de armas a los supuestos delincuentes.[4] Al menos tres de los 42 hombres tenían disparos en la cabeza. Cinco estaban desarmados al momento de ser abatidos, pero cuando llegaron los investigadores y los peritos cada uno de ellos tenía a su lado rifles de asalto y hasta cargadores.

En Tanhuato se encuentra el rancho "El Sol", donde ocurrió el enfrentamiento. Colinda con Tinaja de Vargas, una comunidad de menos de 700 pobladores donde la mayoría pertenece a familias de sicarios. "El Sol" figura en los anales de la lucha contra el crimen organizado desde 2005, cuando fuerzas federales desmantelaron una base de operaciones que tenían los Zetas en Michoacán. El enfrentamiento de mayo de 2015 se dio como consecuencia de un operativo de la Policía Federal con el propósito de capturar a Nemesio Oseguera Cervantes, apodado *el Mencho*, jefe del cártel Jalisco Nueva Generación. Se les había escapado 23 días antes, cuando un helicóptero de un grupo de élite del Ejército que

[4] María Idalia Gómez, "Tanhuato, alteraron la escena", ejecentral.com. mx, 3 de septiembre de 2015.

realizaba un vuelo con el objetivo de recoger la última información de inteligencia para buscar su detención, fue descubierto y derribado con un proyectil. Ocho militares y una policía federal del área de Inteligencia murieron en el ataque ocurrido en la carretera estatal de Villa Purificación a Casimiro Castillo, al sur de Guadalajara.

La operación en Tanhuato se planeó por fotografías de inteligencia que aportó la PGR, como parte de una investigación iniciada el 1° de mayo, que probaban que Oseguera Cervantes se encontraba en el rancho "El Sol". La operación iba a ser sorpresiva. Comenzó poco después de las 8:30 horas, cuando un convoy de ocho unidades con 41 policías federales pasó por Tinaja de Vargas.

Funcionarios federales que reconstruyeron la operación, detallaron que la unidad de la Policía Federal se topó con una camioneta Toyota que les llamó la atención porque sus tripulantes llevaban armas largas. En ese momento comenzó una persecución. El peso de cuatro de las unidades federales, que estaban blindadas, que sólo les permitía avanzar una velocidad máxima de 80 kilómetros por hora, impidió que alcanzaran a los sospechosos. La Toyota huyó hacia el rancho, a unos tres minutos de Tinaja de Vargas, con lo cual estaba completamente eliminado el factor de sorpresa.

Cuando los policías federales entraron en el rancho encontraron resistencia. En los primeros minutos de la balacera que comenzó en la zona boscosa de la propiedad, cayó muerto un policía, al que le perforó el chaleco antibalas un fusil

AK-47. El primer enfrentamiento duró aproximadamente una hora. Las unidades de la Policía Federal pidieron refuerzos, entre los que llegó un helicóptero Black Hawk desde una de las bases en Jalisco. El comisionado Enrique Galindo explicó que desde una bodega, a 800 metros de la casa principal del rancho, les habían comenzado a disparar con un fusil de alta potencia, un Barrett M82, que utilizan las Fuerzas Especiales del Ejército de Estados Unidos y las unidades de élite del Ejército Mexicano.

Los combates se sucedieron en distintos puntos del rancho. aparentemente con los presuntos delincuentes se encontraban desperdigados. Varios de ellos no tenían experiencia en el uso de armas y fueron cayendo progresivamente. Nunca hubo evidencia de que presentaran un contraataque organizado. Cuando llegaron los comandos federales, Oseguera Cervantes ya no estaba en el rancho. Algunos de los abatidos no tenían armas cerca del lugar donde murieron, aunque según el entonces comisionado nacional de Seguridad, Monte Alejandro Rubido, los 42 que murieron en el rancho dieron positivo en las pruebas de radizonato de sodio y Walker, que mostraba pólvora en sus manos, como prueba de que habían disparado armas de fuego. Rubido nunca pudo explicar, sin embargo, porqué había más muertos que armas.

Desde un primer momento hubo críticas por el saldo del operativo. Las sospechas tenían que ver con el índice de letalidad, que se refiere al uso de la fuerza letal como una excepción. Las muertes que se produzcan al poner en práctica acciones que no atiendan en su ejecución a los principios y estándares del derecho internacional pueden considerarse ejecuciones extrajudiciales, sumarias o arbitrarias, de las que se puede desprender una responsabilidad directa hacia el Estado. El índice de letalidad de la Policía Federal establece un policía muerto por 1.4 agresores; en Tanhuato fue un policía muerto por 42 agresores abatidos.[5]

Lo que sucedió en el rancho "El Sol" tenía dos versiones oficiales: la que sostenían Rubido y Galindo, quienes siempre defendieron el operativo, y la que narraron las fotografías en el lugar del enfrentamiento.[6] Hubo dos paquetes distribuidos por la Policía Federal que revelaron lo que esa corporación hizo en Tanhuato. Las primeras imágenes que se distribuyeron mostraban cuerpos regados por todo el rancho, algunos en ropa interior y sin zapatos, donde no abundaban las armas. En el segundo paquete se veían los mismos cuerpos, pero con armas que no estaban previamente en sus manos. Entre las armas que *aparecieron* figura una Barrett M82. Cómo habían llegado las armas a los muertos no es un misterio. Fueron *sembradas*.

Las fotografías las hicieron policías federales una vez que habían tomado el control del rancho tras abatir a los pre-

---

[5] Un interesante análisis sobre el uso de fuerza letal fue publicado por Carlos Silva Forné, Catalina Pérez Correa y Rodrigo Gutiérrez Rivas, en la edición septiembre-diciembre de 2012 de la revista *Desacatos* del Centro de Investigaciones y Estudios Superiores en Antropología Social.

[6] María Idalia Gómez, *loc. cit.*

suntos criminales. El Ejército, que participó como apoyo perimetral, nunca entró en el rancho. Según el procurador de Michoacán, Martín Godoy, algunos hombres fueron asesinados a escasos tres metros de distancia; en algunos casos sin que estuvieran armados. Sembrarles armas y alterar la evidencia fue un delito al que se le podría sumar la ejecución extrajudicial. Los federales no fueron inocentes en Tanhuato, ni actuaron conforme a ley.

Las autoridades federales nunca reconocieron que lo que sucedió en Tanhuato fue una ejecución extrajudicial. Las investigaciones de los organismos de derechos humanos contradecían las versiones oficiales, pero sus hallazgos no serían concluyentes durante la primera mitad de 2015. Tanhuato no fue una herida abierta, como Iguala, sino un ejemplo, el más claro posible, de cómo el abuso de autoridad durante el gobierno del presidente Enrique Peña Nieto no fue una excepción, sino una norma, establecida en términos estratégicos, sin rendición de cuentas.

3

El prisionero del Cisen

LA BURLA DEL CHAPO

El presidente Enrique Peña Nieto dijo días después de la captura de Joaquín *el Chapo* Guzmán que sería "imperdonable" una nueva fuga del co-jefe del cártel del Pacífico.[1] Sin embargo, sucedió la noche del 11 de julio de 2015 desde la cárcel de máxima seguridad del Altiplano. El capo se evadió por un túnel que arrancaba con un hoyo de 50 centímetros de diámetro en la regadera de su celda —descrito por el entonces comisionado Nacional de Seguridad, Monte Alejandro Rubido—, y recorrió 1.5 kilómetros a 10 metros bajo tierra, y en algunos casos a 17. Expertos ingenieros calcularon que ese túnel tenía aproximadamente 2 mil 71 metros cúbicos que produjeron 725 toneladas de tierra, más el concreto armado que tuvieron que extraer de las fundas de

---

[1] Entrevista con León Krauze en Univisión, 22 de febrero de 2014.

85

seguridad de las protecciones metálicas y de basamento del edificio. Con el factor de compactación y expansión de esos materiales, dijeron los expertos, debieron haber realizado unos 380 viajes de camiones de volteo para retirarlos.

Toda la obra tuvo como salida una casa humilde. Dos meses después de la fuga, no se sabía cuánto tiempo había durado la planeación, ni cuándo habían conseguido los planos del penal y sus especificaciones técnicas para realizar la obra de ingeniería. Las autoridades federales pusieron bajo investigación a todas las autoridades del penal, y llevaron a declarar a decenas de funcionarios de las áreas de seguridad y los reclusorios. Las dos líneas de investigación que desarrolló la PGR buscaban complicidades dentro del penal (funcionarios y personal del área de reclusorios) y fuera del penal (funcionarios de otras áreas de seguridad federal).

Esas dos líneas estaban entreveradas. Como se ha planteado, el punto de partida fue la llegada de Manuel Mondragón como comisionado nacional de Seguridad del gobierno de Peña Nieto. Mondragón modificó procedimientos, métodos, eliminó la autonomía de los policías custodios respecto a los policías federales, e incorporó al área de Inteligencia de la Policía Federal como autoridad suprema en materia de vigilancia en los penales de máxima seguridad.

Cuando Rubido sustituyó a Mondragón el 25 de marzo de 2014, no se hizo nada por detener el relajamiento de los sistemas y procesos. Una de las características perniciosas que se perpetuó fue el corte de la comunicación que se aportaba sistemáticamente a los comisionados de reclusorios de todo aquello que significara riesgos. Primero el Cisen y después la SSP realizaban tareas de contrainteligencia por medio de escuchas en las cárceles, lo cual ocurría desde la creación del sistema de penales de máxima seguridad hace casi 25 años.

Hasta antes de ser recapturado *el Chapo* Guzmán, el área de Inteligencia de la Policía Federal tenía a 36 elementos en una oficina de video monitoreo dentro del penal —Mondragón eliminó la vigilancia espejo desde el búnker en la Comisión Nacional de Seguridad—, que operaban en turnos de 12. Cuando el criminal reingresó, el Cisen instaló una pequeña oficina dentro del Altiplano para monitorear permanentemente su celda. De esa manera, un agente federal y dos miembros del Centro estaban viendo ininterrumpidamente la celda de Guzmán. Su trabajo era detectar cualquier movimiento irregular del interno que motivara una supervisión física preventiva.

La noche en que se escapó Guzmán de su celda, casi a las 21:00 horas, estaba vestido y caminaba de un lado a otro, como se pudo apreciar en el video de los últimos segundos que estuvo en su celda. Varias veces se acercó a la regadera que tenía una visión parcial y en más de una ocasión, incluso, se agachó. En un momento se calzó sus tenis y regresó a la regadera. Se hincó y desapareció. Al dar a conocer ese video, Rubido afirmó que hasta el momento en que se fugó, su comportamiento era el "cotidiano y normal de un interno que pasa largas horas dentro de su celda". El comportamiento no era normal. A esa hora los internos suelen estar acostados o dormidos. *El Chapo*, gracias a todos los amparos que había ganado, pasaba la mayor parte de su tiempo con sus abogados en los locutorios. Quienes monitoreaban a Guzmán esa noche fueron detenidos. El personal del área de seguridad del Altiplano también.

Lo que sucedió fue la culminación del desmantelamiento de los dispositivos de seguridad de los penales de máxima seguridad, desde las áreas que tenían como obligación cuidarlas. Ese tipo de cárceles en México contaban con cinco círculos de seguridad, tecnología avanzada—en el sistema de vigilancia y construcción, o brazaletes para seguimiento personalizado de internos, por ejemplo—, sistemas de inteligencia —entre ellos los dispositivos para el monitoreo interno y remoto, así como la verificación de información en tiempo real de los visitantes—, protocolos de gestión en la custodia —entrenamiento especializado y desvinculación de la Policía Federal—, así como barreras físicas que inhiben fugas y rescates. Las funciones y responsabilidades estaban compartimentadas, para que nadie tuviera autoridad absoluta en el penal.

Si había tantos controles de seguridad, ¿por qué se fugó *el Chapo*? Una explicación se puede hallar desde el comienzo del gobierno de Peña Nieto, cuando se implementaron cambios de alta relevancia para mostrar una estrategia diferente a la desplegada por el gobierno de Felipe Calderón.

Como hemos visto, los protocolos y procedimientos habían sido modificados o cancelados por Manuel Mondragón. Entre los principales se encontró la desaparición de varias de las áreas más sensibles de inteligencia. Otra de sus decisiones fue desconectar Plataforma México y pasar todos los controles al órgano penitenciario. Al hacerlo, limitó el monitoreo remoto de las cárceles de máxima seguridad desde el Distrito Federal, desde donde se observaba toda el área de regaderas. En el sistema previo a que fuera *tocado* por el nuevo gobierno, las cámaras tomaban parte de los baños, por lo que es imposible que no se percataran de que se estaba haciendo un túnel. Los cambios no eran aleatorios ni excepcionales. Lo que se hizo durante la primera parte de la administración de Peña Nieto fue un desmantelamiento total.

Durante el gobierno de Felipe Calderón se había modificado el viejo arreglo institucional en el Sistema Penitenciario Mexicano, que consistía en que los internos de máximo riesgo y peligrosidad, sin importar si eran del fuero común o federal, serían custodiados por el sistema federal. De esa forma, se creó la Conferencia Nacional de Sistema Penitenciario para homologar la operación de las prisiones e impulsar acciones comunes en mejores prácticas y ventajas presupuestales. Asimismo se separó la interdependencia de los sistemas penitenciarios, a fin de que el Sistema Penitenciario asumiera la custodia de los internos federales de mediano y bajo riesgo que eran trasladados a cárceles estatales.

Junto con ello, se creó la Academia Nacional de Administración Penitenciaria, autónoma de las academias policiales, para formación, actualización, capacitación y especialización de los custodios.[2]

Con el arribo de la nueva administración llegó una nueva lógica, en donde el poder sería reconcentrado, como hasta 2000, en la Secretaría de Gobernación. Lo primero que se hizo fue desmontar la estructura orgánica del Sistema Penitenciario Federal, donde se eliminó a la Subsecretaría del Sistema Penitenciario como cabeza de sector y, en paralelo, el Órgano Administrativo Desconcentrado para la Prevención y la Readaptación Social, se integró como una Comisión dentro de la Secretaría de Gobernación. El debilitamiento del Órgano provocó una concentración de poder que, como consecuencia, relajó los procesos y los sistemas penitenciarios.

Durante la gestión de Mondragón, bajo el argumento de que los internos de mayor peligrosidad y capacidad económica debían tener los mismos derechos humanos que el resto de los internos en el país, se distendió la disciplina al interior de los penales de máxima seguridad.[3] Mondragón ordenó, por ejemplo, retirar el audio del sistema de monito-

---

[2] Fuente: Secretaría de Seguridad Pública, Subsecretaría del Sistema Penitenciario Federal, Órgano Administrativo Desconcentrado Prevención y Readaptación Social.

[3] El único mandato legal para ese tipo de internos es que se le respeten sus cuatro derechos constitucionales: salud, educación, trabajo y deporte.

reo que era utilizado por el Cisen y el área de Inteligencia de la Policía Federal previamente como una herramienta de contrainteligencia, reducir la rigidez de la seguridad en el exterior del penal, y desplazar al Ejército de la seguridad externa. Tampoco le dio mantenimiento al penal, por lo que los sensores subterráneos, con capacidad para escuchar ruidos y registrar movimientos a 20 metros bajo tierra, como existían en El Altiplano, habían dejado de funcionar.

Durante el gobierno de Peña Nieto se cerró la Academia Nacional de Administración Penitenciaria, que era, decíamos, una escuela de custodios, y se canceló el reclutamiento de personal penitenciario. No hubo forma tampoco de contratar personal con perfiles profesionales adecuados. En representación del gobierno federal, Mondragón recibió un sistema que no había tenido incidencias de relevancia. En los tres primeros años del gobierno de Peña Nieto, hubo un motín en las Islas Marías que se extendió a cuatro de los seis campamentos (febrero de 2013), se fugaron tres internos del penal federal de Ciudad Juárez (marzo de 2014), y finalmente se escapó *el Chapo* Guzmán (julio de 2015).

Ahora bien, limitar el desmantelamiento a la responsabilidad única de los comisionados Mondragón y Rubido o, en el peor de los casos, a las omisiones o la negligencia en las que pudo haber incurrido el secretario de Gobernación, Miguel Ángel Osorio Chong, significaría que el presidente Enrique Peña Nieto, o nunca se enteró de lo que pasaba por el área de los reclusorios federales, o fue engañado por sus colaboradores. La realidad es más profunda, compleja y paradójica. Peña Nieto no era un político que creyera en el sistema penitenciario. Durante su gubernatura en el Estado de México, el jefe de la Agencia de Seguridad Estatal, Wilfrido Robledo, formado en el Cisen y en las áreas de seguridad del Estado mexicano, le entregó un informe sobre los penales mexiquenses, que mostraban la saturación carcelaria y la necesidad de inyectar recursos para mejorar las condiciones internas, disminuir su inestabilidad y fortalecer la seguridad. "No le voy a meter ni un solo quinto a los penales", le dijo el gobernador Peña Nieto a Robledo. "Es tirar el dinero a la basura". El relajamiento y el desmantelamiento fue abierto y contundente, pero también existía un comportamiento laxo del presidente en ese campo que toleró la deconstrucción que se hizo.[4]

---

[4] El presupuesto para el área de los reclusorios federales fue en aumento durante el año del presidente Peña Nieto, pero no para mejorar los sistemas de seguridad ni la capacitación de los custodios. El destino de los recursos se fue modificando. En 2011, durante el gobierno del presidente Felipe Calderón, el presupuesto para reclusorios y prevención social fue de 16 mil 825 millones 107 mil 251 pesos, mientras que a la administración del sistema penitenciario se asignaron 6 mil 715 millones 676 mil 993 pesos. Para 2013, se elevaron ambos rubros: 17 mil 369 millones 688 mil 187 pesos y 16 mil 487 millones 121 mil 462 pesos. Y para 2015, la mezcla presupuestal le otorgó 20 mil 991 millones 428 mil 300 pesos para reclusorios y prevención social, contra 16 mil 991 millones 428 mil 300 pesos para la administración del sistema penitenciario. La nómina, no la seguridad y la estabilidad en los penales, marcaban el énfasis presupuestal del gobierno peñista.

EL GOOGLE DEL CHAPO

Una de las principales líneas de investigación sobre la fuga de Joaquín Guzmán iba sobre cómo sus socios pudieron hacerse de los planos del penal de máxima seguridad del Altiplano. Las autoridades querían saber si ex directores de la cárcel, las empresas constructoras o todos aquellos que hayan tenido acceso a ellos, los vendieron. Ahí se encuentra la principal sospecha de la corrupción que le abrió el camino para la libertad y en donde se fincan las acusaciones de "traición" soltadas por los más altos funcionarios del gobierno.

En realidad, eso no era necesario. Los tres primeros Centros Federales de Readaptación Social —El Altiplano en el Estado de México, Puente Grande en Jalisco y Matamoros en Tamaulipas— se edificaron de forma idéntica. La única diferencia en el penal del Altiplano es una expansión que se efectuó hace aproximadamente 20 años, la cual pasa por encima del Cutzamala. No obstante, el túnel por donde se evadió *el Chapo* Guzmán fue construido en el lado opuesto a donde se hacían obras de mantenimiento de ese sistema hidráulico.

El Chapo Guzmán se ha fugado dos veces de una cárcel de máxima seguridad en menos de 15 años, lo que lo convierte en una leyenda criminal. La primera fue de Puente Grande, donde la versión oficial es que se escondió en un carrito de lavandería para escabullirse oculto entre la ropa sucia. La versión no oficial es que no se escapó el 18 de enero de 2001, sino un día antes, vestido con traje y corbata, por la puerta. Cómo se fugó ahora sigue siendo un misterio, particularmente por la precisión de un túnel que empezó a mil 400 metros de distancia y que terminó exactamente en la regadera de su celda.

El pensamiento convencional es que alguien tuvo que venderle los planos, como lo hicieron con Osiel Cárdenas, jefe del cártel del Golfo y los Zetas, a quien se extraditó de manera intempestiva en enero de 2007, luego de que le descubrieron en una revisión de su celda, escondido en una pieza de piedra hueca, el mapa de ingeniería del Altiplano. También existen las hipótesis de una extorsión a los funcionarios del penal, como sucedió cuando Daniel Arizmendi, *el Mochaorejas*, detenido en 1988, planeó su fuga. La operación se basaba en el secuestro de la familia del director del Altiplano, Leonardo Beltrán, a quien amenazarían con asesinar a un miembro de su familia cada hora que no abriera las puertas de la cárcel. En aquella época, las escuchas de contrainteligencia del Cisen permitieron descubrir el plan y lo frustraron. A Beltrán lo removieron de la dirección del Altiplano para su protección, pero fue enviado a Puente Grande, de donde poco después se escaparía *el Chapo* Guzmán.

Un funcionario que conoce el sistema de los reclusorios federales admitió que era prácticamente imposible que Guzmán y sus cómplices no tuvieran ayuda de funcionarios dentro o fuera del penal. De lo que todavía no hay certezas es sobre qué técnica y tecnología se utilizaron en la evasión.

Las autoridades consideran que el túnel lo diseñaron geólogos e ingenieros con experiencia en minas. El túnel habría sido construido por mineros con tres diferentes técnicas: la primera, una excavación apoyada con maquinaria que construyó la larga garganta a 16 metros de profundidad, supuestamente para avanzar sin topar con lo que se esperaba un piso de concreto armado, desde que atravesó las paredes exteriores del penal hasta llegar casi debajo de la celda; la segunda conectó en forma piramidal con la celda, con una extensión de seis metros cavada probablemente con una barrenadora hidráulica; y luego el último tramo de poco más de 60 centímetros, prácticamente a mano.

La precisión milimétrica de la salida del túnel es lo que intrigaba a las autoridades, que están buscando un GPS (acrónimo en inglés de Global Positioning System) que hubiera permitido la ubicación exacta de la regadera de la celda. Una hipótesis que se llegó a manejar es que los ingenieros del túnel no utilizaron ningún mapa del penal porque no lo necesitaban. Las nuevas tecnologías les permitían llegar a la celda del *Chapo* mediante dos instrumentos: una técnica de georreferenciación y el programa de Google Earth. La georreferenciación permite un posicionamiento espacial a través de un sistema de coordenadas y datos específicos. Se realiza a través del Sistema de Información Geográfica (SIG), que almacena capas temáticas —distritos, parcelas o áreas restringidas— en forma independiente y separa su información, con lo cual permite relacionarla a través de una topología espacial de los objetos. Así se pueden reunir las características de un lugar concreto.

Google complementa la información que se carga en un programa que fácilmente se puede ver en tercera dimensión. Varias de las imágenes difundidas en la prensa sobre El Altiplano fueron tomadas de Google Earth, que es un programa gratuito. Hay otros más sofisticados y, sobre todo, actualizados, como en Google Earth Pro, que aunque también tiene una versión gratuita, mediante un pago menor de cinco mil pesos puede acceder a la última información disponible —de 2012— que ayuda a ubicar los objetivos buscados mediante sus archivos vectoriales de imágenes que sirven para representar los datos SIG. Es sencillo, pero no para personas poco doctas en nuevas tecnologías, como este autor.

En un persuasivo artículo que escribieron para The Network Architecture Lab, un centro de investigación sobre nuevas tecnologías en la Universidad de Columbia, Nueva York, llamado *La ciudad invisible*: *el diseño en la edad de los mapas inteligentes*, su director Kazys Varnelis y la profesora del Barnard College, Leah Meisterlin, apuntaron que los mapas inteligentes no sólo representan las relaciones espaciales, sino que revelan en hojas de cálculo y bancos de información las condiciones en que los objetos estudiados estuvieron previamente escondidos. "El mapeo nos permite hacer visible lo invisible", agregaron. "A través de mapas, lo abstracto se convierte en algo identificable".

Estas nuevas tecnologías, para muchos fantasiosas, funcionan de manera regular en México. Está por ejemplo la Red Geodésica Nacional Activa (RGNA) del Inegi, que permite a los tres niveles de gobierno el estudio y la definición de sus límites políticos y administrativos, cartografía urbana y catastral, o control de las obras de ingeniería e infraestructura. ¿Pudieron las nuevas tecnologías ayudar en la evasión del *Chapo* Guzmán? Es altamente probable, de acuerdo con algunos expertos, lo que llevaría a preguntar por qué no habrán pedido las autoridades mexicanas a Google bloquear de sus mapas zonas tan sensibles como los penales de máxima seguridad y evitarse vergüenzas posteriores.

DIEZ DÍAS DE CAZA

Joaquín Guzmán se escapó de la prisión de máxima seguridad de Puente Grande, Jalisco, el 19 de enero de 2001. Durante más de 13 años permaneció prófugo, en la tierra de su madre, Nayarit, a donde llegó en automóvil tras su primera evasión, o en la sierra de Durango, donde según funcionarios federales pasó mucho tiempo durante los últimos años, a salto de mata, viviendo de 15 días en 15 en pequeñas cabañas en compañía de un reducido número de personas a su servicio. Las leyendas lo hicieron ubicuo y con una vida relajada y de lujo, hasta que lo capturaron.

La trama comenzó a tejerse desde principios de 2014, cuando varias pistas que se seguían tomaron un camino definitivo. La aprehensión se debió paradójicamente, según la reconstrucción de su cacería hecha por funcionarios federales, a una filtración no autorizada en la prensa de la Ciudad de México. En medio de los operativos en Michoacán se publicaron fotografías de la esposa y la nuera de Guzmán en Cancún, junto con detalles parciales de su vigilancia. Las fotografías no eran un producto de una investigación reciente, sino de una vieja línea de seguimiento a Guzmán, y parte de los expedientes abiertos en las áreas de seguridad pública federal desde hacía casi dos años.[5]

Su divulgación provocó reacciones y temores de que se boicoteara la investigación. Fuentes estadounidenses dijeron que tras la publicación de las fotografías hubo varios asesinatos en el entorno de Guzmán, aparentemente para romper con el eslabón que conducía a su familia. Sin embargo, esos asesinatos, por toda la información acumulada a nivel internacional en estos años, abrieron de manera inesperada nuevas puertas para llegar al *Chapo*.

Una de esas líneas de investigación era con la esposa de Guzmán, Emma Coronel, quien dio a luz a gemelas en un hospital de Los Ángeles en agosto de 2011. Ciudadana estadounidense, no tiene ninguna deuda con la ley, por lo que se

[5] Dentro del gobierno federal, la persona que tenía la información de inteligencia histórica de la investigación sobre *el Chapo* era Ramón Pequeño, jefe de la División de Inteligencia de la Policía Federal, sobreviviente de la administración anterior, y protegido de Frida Martínez Zamora, secretaria general de la Policía Federal, responsable del control de recursos y contratos de alto nivel.

mueve libremente. Pero la DEA y el Servicio de Inmigración y Aduanas tenían un seguimiento estrecho de ella.[6] Cuando estuvo en el hospital, la DEA pudo interceptar su teléfono, del cual pacientemente fueron sacando información, dijeron funcionarios estadounidenses. Parte de los datos de esa vigilancia llevaron en mayo de 2013 a la captura del suegro del *Chapo*, Inés Coronel, que aportó más información. Guzmán vivía a no más de 100 kilómetros de Culiacán, en zonas de muy difícil acceso, con una cocinera y un equipo de seguridad de no más de cuatro personas.

En paralelo, la oficina de Alguaciles de Estados Unidos, la principal agencia en la investigación de prófugos de la justicia, trabajaba con la PGR y la DEA. No se sabe si Vicente Zambada, hijo del *Mayo* Zambada, el jefe del cártel del Pacífico, preso en Estados Unidos, proporcionó información sobre la red de la organización. Pero, coincidente o no, después de las filtraciones de enero de 2014 y de cómo se movieron las ultratumbas del narcotráfico en Sinaloa, comenzó la cacería final sobre *el Chapo*. El procurador general Jesús Murillo Karam dijo el sábado 22 de febrero de 2014 que los "momentos definitivos" para su captura fueron entre el 13 y

---

[6] La larga investigación binacional abarcaba toda la red de vínculos familiares de Guzmán. De esa forma detuvieron el 12 de octubre de 2012 a Alejandrina Giselle Guzmán Salazar, hija del *Chapo*, cuando intentaba cruzar por la frontera de Tijuana-San Ysidro con documentación falsa. La señora Guzmán Salazar, que se encontraba embarazada, reconoció ante el juez su delito en diciembre de ese año, y fue deportada inmediatamente el 18 de diciembre.

el 17 de febrero. Para el jueves 13 ya habían comenzado los operativos de la Marina en Sinaloa con información de inteligencia propia y de las tres agencias estadounidenses. El fin de semana previo, funcionarios federales estimaban que la captura del *Chapo* podía suceder en cuestión de días. Tenían localizado en dónde se encontraba y ya se había establecido un cerco para evitar que se escapara.

En los operativos de ese fin de semana detuvieron a Joel Enrique Sandoval Romero, jefe de escoltas del *Mayo* Zambada, en Culiacán. *El Chapo* estaba escondido en una de las siete casas de seguridad del cártel en Culiacán conectadas por un elaborado sistema de túneles que utilizaban las cañerías como rutas de escape. La Marina y los agentes de la PGR llegaron a esas casas, una de ellas de la primera esposa de Guzmán, Griselda López. En su apresurada fuga, Guzmán se comunicó al teléfono de uno de los escoltas de Zambada, quien por más de una década lo protegió y financió. No está claro si Guzmán sabía de la detención de Sandoval Romero, que se dio a conocer el lunes, pero el número al que marcó, ya lo tenía interceptado la PGR, porque se encontraba entre los contactos del jefe de escoltas del cártel. La geolocalización de la llamada los llevó a una de las casas de seguridad, pero por los sistemas de seguridad y blindaje de los túneles, *el Chapo* se les escapó el jueves.

Después de que los escondites se le acabaron, huyó a una torre de condominios en el malecón de Mazatlán, pero ya no se pudo situar fuera del radar federal. En el departamento

401 de la Torre Miramar, lo detuvieron mientras dormía, aproximadamente a las 6:30 de la mañana del sábado.

La Marina forzó la puerta y lo capturó en la cama. En una maleta rosa con negro había ropa de hombre, mujer y de una menor. Había provisiones para menos de una semana en bolsas de plástico del supermercado. Agentes de la DEA, Alguaciles, Inmigración y Aduanas presentes en la captura, contribuyeron con inteligencia táctica y a cerrar el cerco sobre *el Chapo*. La DEA tomó la fotografía de Guzmán y la distribuyó a la prensa, como una prueba de vida, como hicieron cuando se detuvo a Édgar Valdés, *la Barbie*, detenido en 2010. Sus años de prófugo habían terminado.

EL ÉXITO DE UNA DESOBEDIENCIA

La operación que condujo a la captura del *Chapo* Guzmán en Mazatlán, el más grande éxito del gobierno de Peña Nieto en la lucha contra la delincuencia organizada, fue resultado de una desobediencia. Pese a la instrucción gubernamental de suspender sus vínculos con los servicios de inteligencia estadounidenses, la Marina mexicana mantuvo la estrecha relación construida en el último lustro con la CIA y la DEA, que coronó uno de los más grandes golpes al crimen trasnacional en el mundo.

La captura del *Chapo* Guzmán y la lucha contra el crimen en México eran para la Marina una alta prioridad, por encima de decisiones políticas. A diferencia de todo el gabinete de seguridad donde sus nuevas cabezas cambiaron a toda la primera línea de mandos, la Marina hizo lo contrario. El secretario, el almirante Vidal Soberón, que había sido la mano derecha del anterior titular, el almirante Francisco Saynez, no hizo relevos sino ascensos. Así ocurrió con el vicealmirante José Luis Vergara, quien durante el sexenio pasado se encargó de la comunicación social y después fue nombrado comandante del Cuartel General de la Armada, bajo cuya responsabilidad se encuentran las operaciones especiales.

De acuerdo con fuentes de inteligencia en Estados Unidos, el almirante Soberón tampoco desmanteló los centros de fusión de inteligencia, ni expulsó al personal de la CIA y la DEA que trabajaba conjuntamente con los especialistas de la Marina en planeación táctica. Al mismo tiempo, tras la desaparición de la Secretaría de Seguridad Pública Federal y el desmantelamiento de sus herramientas de inteligencia, se quedó con el trabajo de seguimiento de los cárteles de la droga, que estaba a punto de irse a la deriva, según funcionarios federales mexicanos.

La información de inteligencia que la Marina recogió de la extinta SSP le permitió mantener las líneas de investigación abiertas contra los cárteles, alimentada con el seguimiento y la ampliación de las pesquisas. La inteligencia humana y tecnológica —que se mantuvo fluida entre la Marina y las agencias de inteligencia estadounidenses— produjo no sólo la captura de Guzmán, sino también, en julio de 2013, la de

Miguel Ángel Morales Treviño, conocido como *Z-40*, y las muertes de Ezequiel Cárdenas Guillén, *Tony Tormenta*, uno de los jefes del cártel del Golfo, en noviembre de 2010, y de Arturo Beltrán Leyva, en diciembre de 2009.

La operación contra Guzmán dio resultados muy concretos a finales de 2013, cuando lo fueron cercando con datos de informantes de la DEA en el cártel del Pacífico. En enero de 2014, los informantes revelaron que *el Chapo* había abandonado la sierra de Durango y se movía entre Culiacán y Mazatlán, presumiblemente por relajamiento ante la disminución de la presión y persecución en su contra. De acuerdo con las fuentes de inteligencia en Estados Unidos, en la operación contra Guzmán, la CIA utilizó un *drone* para rastrear los teléfonos cuyos números tenían interceptados en esas ciudades sinaloenses, y agentes de la Oficina de Alguaciles de ese país participaron en la interpretación de la información que les proporcionaba dicha tecnología.

La unidad de élite de la Marina que ejecutó la captura de Guzmán estuvo a cargo del mismo comandante que dirigió la acción en Nuevo Laredo donde atraparon a Morales Treviño. Estas unidades forman parte del mismo equipo de comandos mexicanos entrenados por las fuerzas de operaciones especiales de la Marina de Estados Unidos —conocidos como SEALS— que dieron muerte a Beltrán Leyva y a Cárdenas Guillén. La larga operación contra Guzmán, según las fuentes de inteligencia estadounidenses, fue secreta. A la Policía Federal nunca le informaron, y al Ejército y al Cisen se les dijo sólo en el tramo final de la acción, como a la PGR, que le dio sustento jurídico a la captura.

EL CHAPO, VIVO ¿O MUERTO?

La fuga de Joaquín Guzmán reveló el desastre de la estrategia del gobierno federal en materia de seguridad. No fue sólo la arrogancia, sino la incompetencia lo que lo golpeó. La humillación por la evasión lo hizo humilde y subordinado. Entre otras cosas, se tuvo que aceptar que sin los cazadores de Pablo Escobar, el jefe del cártel de Medellín que se escapó de la cárcel de Envigado, en la provincia de Antioquia en 1992, poco se iba a lograr. A dónde había llegado, sin estar aún a la mitad del camino.

Los cazadores de Escobar fueron colombianos y estadounidenses, y llegaron a México entre llamados de auxilio y presiones de Washington. El gobierno estadounidense había sido cuidadoso en las formas públicas, pero rudo en las privadas. Para estar convencidos de que el gobierno de Peña Nieto no había liberado a Guzmán como consecuencia de un pacto entre ellos, los representantes de la DEA y el FBI lo preguntaron directamente en la Procuraduría General de la República a pocas horas de la evasión. Si se trataba de una fuga, fue casi la exigencia, ellos debían estar en la cacería. Sería la parte visible de la cooperación de Washington en la búsqueda del *Chapo*; en la parte invisible participaría la Marina estadounidense.

La pregunta era qué harían. ¿Solamente proveerían información de inteligencia? ¿Trabajarían en coordinación con los comandos de élite de la Marina mexicana para capturarlo? ¿Qué es lo que pensaban en Estados Unidos? ¿Irían más allá? El gobierno de México no podía depender sólo de Washington. Por eso, cuando el estupor empapaba al gobierno por la fuga de Guzmán, el presidente Peña Nieto le pidió ayuda al presidente de Colombia, Juan Manuel Santos. Lo que hizo Santos fue pedirles a varios de los expertos colombianos en la cacería de Pablo Escobar que viajaran a México. ¿Qué harían en tierras mexicanas?

En Colombia, la instrucción que tenían las unidades encargadas de cazar a Escobar fue *eliminarlo*. No lo querían una vez más como prisionero. El recuerdo de esa fuga no era nostálgico. El grupo de élite que se conforma para recapturar al *Chapo* está integrado a imagen y semejanza de aquél, incluso con algunos de sus miembros más prominentes. Según *El Tiempo* de Bogotá —el periódico donde la familia del presidente Santos mantiene una fuerte ascendencia—, el gobierno colombiano había enviado una "comisión de élite" a México para ayudar a la recaptura.

Entre sus elementos están los generales retirados Rosso José Serrano, jefe de la Policía Nacional durante el gobierno de Ernesto Samper, y considerado uno de los cerebros detrás del desmantelamiento de los cárteles de Medellín y Cali; Ismael Trujillo Polanco, que fue director de Policía Judicial e Inteligencia, que hoy está incorporada a Interpol; y

Luis Enrique Montenegro, el jefe táctico en la guerra contra los cárteles colombianos, que fue director del Departamento Administrativo de Seguridad, el órgano de inteligencia civil.

Los tres, junto con unidades de élite de la Marina y fuerzas especiales del Ejército de Estados Unidos integraron el llamado Bloque de Búsqueda, creado por el presidente César Gaviria en 1992, para capturar, vivo o muerto, a Escobar. El Bloque de Búsqueda estaba compuesto por miembros del Ejército, la Marina, la policía y otras áreas de inteligencia colombianas y estadounidenses, y operaba independiente del gobierno. A nadie le informaban lo que iban a hacer ni cómo lo iban a hacer. Tenían a su disposición un presupuesto abierto y el permiso para matar. Eso sucedió en diciembre de 1993 con Escobar.

El Bloque de Búsqueda no fue desarticulado después de que *eliminaron* al narcotraficante. A partir de ahí, destruyeron el cártel patriarcal de Medellín, y luego fueron trasladados al Valle del Cauca, donde desmantelaron el cártel de Cali, capturando o matando a varios de sus líderes. El Bloque cesó sus operaciones, pero en 2004 lo reactivó el gobierno de Álvaro Uribe para combatir al cártel del Norte del Valle, heredero de las viejas bandas criminales. El líder de esa organización, Diego León Montoya Sánchez, *Don Diego*, fue aprehendido el 10 de septiembre de 2007. Nueve días después detuvieron en la Ciudad de México a su principal lugarteniente, Juan Diego Espinoza, *el Tigre*, y a quien era su pareja y en ese entonces señalada como jefa de relaciones públicas del *Chapo* Guzmán, Sandra Ávila Beltrán, la llamada *Reina del Pacífico*.

La formación para la cacería del *Chapo* Guzmán era una versión mexicana del Bloque de Búsqueda. Las autoridades mexicanas no lo reconocieron así porque sería tanto como admitir el fracaso de su política de seguridad. Pero los errores por bisoños le habían costado alto a la soberanía mexicana que ofrecían defender. Querían ser diferentes al gobierno de Felipe Calderón que desarrolló un colaboracionismo sin precedentes con Estados Unidos, pero quedaron en una situación peor que la de aquel sexenio. Por sus errores tuvieron que abrir la puerta a un escuadrón internacional que iría sobre Guzmán, vivo o muerto, como fue la orden sobre Escobar.

Los consultores colombianos tuvieron una sesión en la que estuvieron varios de los más altos funcionarios federales. Entre ellos la estructura jerárquica de la PGR, encabezada por la procuradora Arely Gómez y el jefe de la Agencia de Investigación Criminal, Tomás Zerón. Los consultores les dijeron lo que habían hecho en Colombia para combatir a los cárteles de las drogas. Por ejemplo, las leyes de extinción de dominio, para cercarlos financieramente, y la judicialización de todas las intercepciones de telecomunicaciones. Lo que los consultores no sabían era que esos componentes existían desde el gobierno de Calderón dentro de la Ley Contra la Delincuencia Organizada.[7] Menos sabían, incluso,

---

[7] La última reforma a la Ley Federal Contra la Delincuencia Organizada, que incluye todas esas recomendaciones, es del 20 de noviembre de 2011.

que los funcionarios mexicanos desconocían que esa ley ya contemplaba lo que les estaban aconsejando. Es decir, los mexicanos estaban peor de lo que se imaginaban.

LA DEBACLE

La historia de la debacle de la procuración de justicia y los sistemas de inteligencia del gobierno de Peña Nieto la provee una línea de tiempo que va desde la segunda captura hasta la segunda fuga de Joaquín Guzmán Loera. Desde Jesús Murillo Karam baladroneándose de que Estados Unidos tendría que esperar de 200 a 300 años para que el jefe del cártel del Pacífico les llegara extraditado, hasta Arely Gómez, en cuclillas, observando catatónica la boca del túnel por donde *el Chapo* se escapó poco más de 500 días después de ingresar en el penal del Altiplano. Abundaron los señalamientos de que la fuga del criminal se debió a la debilidad institucional. Pero no había que confundirse. No fue la debilidad de las instituciones por donde se tenía que entrar a revisar qué pasó, sino la forma como un nuevo gobierno con funcionarios bravucones, inexpertos y formas de pensamiento primitivas, desmantelaron lo que se había hecho y no tuvieron la capacidad para evitar el escape. La información proporcionada por las autoridades federales fue ambigua durante las semanas posteriores a la evasión, y al contrastarse con lo que fue aportando la prensa, afloraban las contradicciones.

Según el recuento que ofreció el comisionado Monte Alejandro Rubido el domingo 12 de julio, horas después de la fuga, la última vez que se vio al *Chapo* en los monitores de vigilancia interna fue cuando le dieron sus medicamentos a las 20:52 horas del sábado. Sin embargo, testimonios recogidos por la reportera María Idalia Gómez del portal *Eje Central,* los policías estatales se congregaron a las 20:00 horas en las puertas del penal, porque había reportes de un intento de rescate. Hacia las 21:00 horas del sábado, de acuerdo con Gómez, los policías fueron desplegados a varios puntos aledaños, incluida la casa donde estaba la entrada al túnel por donde se fugó Guzmán. A esa hora también escucharon el ruido de helicópteros. A las 23:00 horas ya había soldados y policías federales en dicha casa.

La pregunta sigue siendo en qué momento se inició la operación de búsqueda de Guzmán. Lo que se ha observado es que las autoridades carcelarias y las federales no supieron qué hacer y que hubo demoras en las alertas federales. Por ejemplo, los gobernadores de la zona metropolitana no recibieron llamadas de la Secretaría de Gobernación para pedirles que tomaran precauciones ante un eventual brote de violencia, hasta después de la medianoche del sábado. Es decir, tres horas después de que notaron la ausencia del *Chapo* se comenzaron a sellar las rutas de escape. Si tenían una alerta de posible rescate desde las 20:00 horas, como lo reflejó la investigación de la reportera Gómez, ¿qué hicieron las autoridades federales? Con toda la información disponible, se puede decir que muy poco. Se paralizaron.

Sabemos que Rubido se encontraba en el aeropuerto, a punto de abordar el vuelo a París. "Por unos cuantos minutos, me agarra en pleno vuelo", diría Rubido a sus cercanos días después, al enfatizar la hora límite en la cual se enteró de la fuga. Ese vuelo salía a las 23:43 horas. Si las llamadas de alerta para funcionarios que estaban en necesidad de saber lo que había pasado en El Altiplano ocurrieron tanto tiempo después de que *el Chapo* desapareció de los monitores, la pregunta que siempre quedó es si podría haber salido incluso del país.

El lunes posterior a la evasión, documentos del gobierno de Estados Unidos obtenidos por la agencia de noticias Associated Press revelaron que la DEA contaba con información de inteligencia sobre al menos dos intentos previos de fuga del *Chapo* Guzmán desde marzo de 2014, un mes después de que fue capturado.[8] No fue la última vez que el Cisen había estado en posesión de información que alertaba sobre la eventual fuga. Gracias a trabajos de inteligencia, se sabía, por ejemplo, que José Jorge Balderas, conocido como *el J.J.*,[9] había dicho que Guzmán tenía intenciones de evadirse del penal. Los datos que captaron los monitoristas del Cisen nunca derivaron en una acción correspondiente. Las

[8] Alicia A. Caldwell, "Docs: Gov't had Intel on earlier escape plots by drug lord", Associated Press, 13 de julio de 2015.

[9] José Jorge Balderas, quien disparó en la cabeza al futbolista Salvador Cabañas en el Bar Bar de la Ciudad de México en enero de 2010, purgaba una condena en El Altiplano por delitos relacionados con el narcotráfico. Balderas era uno de los hombres cercanos a Édgar Valdés, *la Barbie*, interno en el mismo pabellón donde se encontraba Guzmán.

cosas siguieron igual para Guzmán e incluso se le facilitó su comunicación interna. El Cisen también había detectado cómo el capo se comunicaba regularmente con otros internos a través de sus abogados.

Fuera de eso, tampoco se realizó un trabajo de contrainteligencia en el perímetro externo del Altiplano, donde se concentran a tantos criminales de alta peligrosidad. La reportera Gómez confirmó que la casa donde se inició el túnel fue comprada en mayo de 2014. El Cisen debe estar enterado de todas las operaciones inmobiliarias en zonas sensibles. Además, en los alrededores de las prisiones de máxima seguridad es fundamental el censo de las viviendas y tener perfectamente investigados a sus habitantes. No lo hicieron.

Les pasó inadvertido que en un terreno baldío cercano al penal se levantó en sólo tres meses una casa, cuya arquitectura debió haberles llamado la atención al tener una especie de bodega integrada a la vivienda. Fuentes federales dijeron que las escuchas a los familiares de Guzmán habían dejado de hacerse desde hacía meses, con lo que perdieron información de inteligencia. Los mensajes en Twitter de uno de los hijos del *Chapo*, adelantando que pronto estaría en libertad, fueron desestimados.[10]

---

[10] Desde la cuenta @IvanArchivaldo, acreditada a su hijo Iván Archivaldo Guzmán, apareció este mensaje el 8 de mayo de 2015: "No miento e llorado pero es de hombres y ahora va la mía, traigo gente armada y les prometo que el general pronto estará de regreso". El 12 de julio salió este mensaje de la cuenta @_AlfredoGuzman_, de su otro hijo, Alfredo Guzmán: "A mi Apá no mas le pega la gana y se fuga de la prición".

Los yerros en el sistema de inteligencia civil fueron tan grandes como la negligencia en la Comisión Nacional de Seguridad. Era una crónica del desastre por venir.

Por diseño, las decisiones dentro de los penales de máxima seguridad son colegiadas y nadie tiene la autoridad absoluta. Las toma un Consejo Técnico que integran de manera permanente el director general del penal, quien lo preside, el director jurídico que hace las veces de secretario técnico del consejo, el director de Seguridad Técnica, el jefe del Departamento de Observación y Clasificación —que determina el grado de peligrosidad del interno—, un representante de la Coordinación de los Centros Federales de Readaptación Social y, de acuerdo con los temas que se van a tratar, los jefes de las distintas áreas, como trabajo social, psicología o pedagogía. Ese consejo sesiona cada ocho días, pero en situaciones extraordinarias se reúne tantas veces como se necesite.

Cuando inició el gobierno de Peña Nieto, una de las primeras disposiciones fue regresar a la Secretaría de Gobernación la responsabilidad total de los penales. De esa forma, la Comisión Nacional de Seguridad absorbió el mando absoluto y todas las decisiones que tomara el Consejo Técnico tenían que ser aprobadas por el área de Inteligencia de la Policía Federal.

Bajo la administración del primer comisionado, Manuel Mondragón, la clasificación altamente sofisticada que había en los penales de máxima seguridad se borró. El siguiente comisionado, Rubido, no enmendó la situación. Dicha clasificación establecía cómo agrupar a los criminales. El Altiplano tiene ocho módulos, divididos en dos grandes dormitorios. El módulo más sensible es donde se colocan a los autores intelectuales de alto riesgo con liderazgo y poder económico. Están separados de los autores materiales de alto riesgo, también con liderazgo y poder económico, así como de aquellos considerados de medio riesgo. Esa dispersión estaba totalmente borrada cuando reingresó *el Chapo* Guzmán en El Altiplano en febrero de 2014. Al co-jefe del cártel del Pacífico lo ubicaron en el módulo 2 de "conductas especiales", donde habían agrupado a los criminales más peligrosos. Ese módulo era de tránsito para los internos, pero en este sexenio le quitaron la temporalidad.

En julio de 2013, las autoridades de reclusorios federales propusieron a la Comisión Nacional de Seguridad que se hiciera una rotación de directores del penal, que era uno de los protocolos de seguridad para impedir la corrupción y las amenazas de muerte a sus familiares para extorsionarlos, como sucedió en el pasado. Ramón Pequeño, jefe de Inteligencia de la Policía Federal, se negó y Rubido lo respaldó. Las peticiones no tuvieron respuesta positiva.[11]

Un mes después, en agosto de 2014, les propusieron cambiar de celda al *Chapo* Guzmán. La idea era trasladarlo a

---

[11] Tres oficios fueron girados con esas peticiones, OF/DGAJ/DGA-AP/495/2015, OF/DGAJ/DGAAP/521/2015, y OF/DGAJ/DGAAP/618/2015. Sólo se autorizó el cambio de directores de Seguridad de los penales.

una estancia especial donde llevan a los internos que tienen infecciones contagiosas. En el área a donde las autoridades carcelarias querían moverlo no había internos, permitiendo así que estuviera solo.[12] Pequeño volvió a negarse y Rubido lo volvió a respaldar. La respuesta de Pequeño, y en particular de su segundo de a bordo, David Silva, fue acusatoria. Alegó que querían llevar al *Chapo* a una zona más cerca de la puerta de salida, pero el argumento no tenía validez. Aunque esa estancia está más cerca de los locutorios y las zonas de visitas íntimas que el módulo 2, en donde estaba Guzmán, las medidas de seguridad son las mismas que en el resto de los pabellones. "No", fue le respuesta reiterada.

En febrero de 2015, llegó una nueva propuesta a la Comisión de Seguridad Nacional: trasladar al *Chapo* al nuevo penal de máxima seguridad en Guanajuato, inaugurado en octubre de 2012.[13] Ese penal, argumentaron, tenía poca población y podía ser ubicado en un módulo solo. Pequeño volvió a decir que no y Rubido lo apoyó. Silva alegó que lo querían tener "cerca" para vigilarlo. Cuatro meses después se fugó.

Por lo demás, la dinámica que se dio durante las administraciones de Mondragón y Rubido entre la Comisión Na-

---

[12] De acuerdo con el expediente de la investigación del *Chapo*, la petición formal la hizo Celina Oseguera Parra, la coordinadora de los Reclusorios Federales, a Juan Ignacio Hernández Mora, comisionado del Órgano de Prevención y Readaptación Social, a través de una tarjeta informativa el 29 de agosto de 2014.

[13] Esta petición se hizo de forma verbal, según el expediente, en febrero de 2015, cuando Oseguera Parra sugirió que lo trasladaran al penal de máxima seguridad en Guanajuato.

cional de Seguridad y el Sistema Penitenciario Federal mostraba que nada de lo que hubiera sucedido en el interior del Altiplano podía hacerse sin conocimiento y omisiones en el exterior de la cárcel, en el mejor de los casos, o colusión y corrupción en el peor. Actualmente las autoridades federales buscan armar esta red para saber hasta dónde llegó la complicidad que propició la fuga de Joaquín *el Chapo* Guzmán.

¿A quién se le escapó el *Chapo*?

La pregunta crucial en la fuga del *Chapo* Guzmán es a quién se le escapó realmente. ¿A los custodios? ¿A los directores del penal? ¿A los coordinadores de reclusorios federales? ¿Al área de Inteligencia de la Policía Federal? Dos meses después de la fuga, la responsabilidad primaria recaía en el Cisen, el servicio de inteligencia civil del gobierno mexicano. Es cierto que el Sistema Penitenciario Mexicano y el área de Inteligencia de la Policía Federal tenían la responsabilidad institucional, pero para el Cisen, *el Chapo* era *su* prisionero desde el primer momento en que llegó al Altiplano a finales de febrero de 2014.

La instrucción la había dado oralmente el secretario de Gobernación, Miguel Ángel Osorio Chong, a su viejo colaborador y amigo, a quien había llevado a dirigir el Cisen, Eugenio Ímaz. Él sería el encargado de vigilarlo y de informar diariamente al secretario sobre todo lo que hacía, porque a su vez, Osorio Chong tenía que reportarlo todas las mañanas al presidente Enrique Peña Nieto.

Tan pronto como llegó Guzmán al Altiplano, el Cisen instaló una oficina en el área administrativa del penal, donde colocó monitores para vigilarlo. Los monitores no sólo estaban en su celda, también instalaron algunos en el locutorio 12 —donde *el Chapo* pasaba la mayor parte del día—, en los juzgados, en la sala 7 de visitas íntimas, en la sala 7 de visitas familiares, en el patio y en el pasillo 2 del área de conductas especiales, donde ocupaba la celda 20. "Nada se les escapaba de ver y oír", dijo una fuente que sabía que el audio y el video que no *servía* dentro del penal —o, más precisamente, que Manuel Mondragón ordenó cerrar— era independiente del equipo instalado por el Cisen. Un monitor adicional se instaló muy lejos del penal, en la oficina del secretario de Gobernación, quien tenía acceso en tiempo real al interno más importante del Altiplano.

El sistema de monitoreo dentro del penal incluía 385 cámaras de circuito cerrado de televisión Piramid, como las que se instalan en lugares públicos para vigilancia, control de acceso y detección de incendios, aunque 117 de ellas no funcionaban y el resto operaba con fallas intermitentes; los reportes de los funcionarios de reclusorios nunca fueron escuchados. Disponía también de un sistema Intellifiber de alarmas perimetrales, para detectar personas que se acercaran al penal o grabar eventuales fugas, pero tampoco estaban en servicio. Había dos sistemas para detectar intrusiones desde el exterior. Uno era Perimetrax, que generaba un cambio electromagnético alrededor de sensores enterrados, que registraban cualquier movimiento y sonido a 20 metros de profundidad, que igualmente, meses antes de la fuga del *Chapo*, ya no servían. El otro era Intelliwave, para identificar por medio de sistemas de rastreo por radiofrecuencia y por GPS, proyectos de construcción industrial.

Dentro del penal operaba también un sistema para bloquear señales de celulares, conocido como Jammer, que disponía de ocho equipos dentro del penal que sí funcionaban, y cinco afuera, que estaban apagados. Finalmente, los sistemas electrónicos de seguridad en el Altiplano incluían Dreambox, dispositivo de código abierto que recibe señales vía satélite o por cable. Los detectores de presencia infrarroja colocados en la azotea del penal llevaban dos años sin servir. Los sensores geofónicos ubicados subterráneamente en las áreas estratégicas del penal, y que emitían alarmas audibles, habían desaparecido. De manera inexplicable, todos estos sistemas estaban desconectados de Starnet 1000, la red de gestión de seguridad del Altiplano, por lo que no era posible visualizar alertas ni mantener el estado en el que se encontraba su mantenimiento y operación. En términos generales, el sistema no funcionaba.

En su declaración ministerial, el ex director del Altiplano, Valentín Cárdenas, dijo:

Después de haberse reportado durante mucho tiempo que la mayoría de los sistemas electrónicos de seguridad perimetral estaban fuera de servicio, en ningún momento se atendió estos reportes y, por el contrario, siguen sin operar, lo que evidentemente vulnera y vulneró la seguridad institucional, ya que en este caso específico, si hubiera funcionado el sistema de intrusión y de detección de movimientos del subsuelo del penal, probablemente hubiera habido una atención oportuna ante cualquier alertamiento de esos equipos.[1]

Los problemas de mantenimiento y obsolescencia se fueron documentando en la Secretaría de Gobernación, en la Comisión Nacional de Seguridad y en el Órgano de Prevención y Readaptación Social durante 11 meses, previos a la fuga del *Chapo*.

El 30 de julio de 2014, Celina Oseguera Parra, recién llegada a la coordinación de los centros penales federales, pidió con carácter de urgente: más elementos de seguridad, armamento, equipamiento para las 11 torres de seguridad perimetral del Altiplano, equipos de rayos X para los pasillos y las áreas de consumibles e insumos que ingresaban en el penal, cuatro detectores de drogas, un sistema detector de objetos adheridos al cuerpo y a las cavidades, nuevos arcos

[1] Declaración ministerial del 14 de julio de 2015.

detectores de metales, nuevo aire acondicionado para el Centro de Control, un sistema de protección antiterrorista y mantenimiento del circuito cerrado de televisión, del sistema de videograbado y de los dispositivos que inhibían los teléfonos celulares.[2] Al final, se autorizó sólo una tercera parte de lo que Oseguera había solicitado.

De manera sistemática las autoridades se negaron a permitir mejorías en los equipos. Durante los meses previos a la fuga, el rechazo fue la constante.[3] Tampoco se destinaron recursos para el mantenimiento preventivo y correctivo de los equipos detectores de drogas y explosivos, de los sistemas de control y acceso vehicular y del sistema de intercomunicación. En enero de 2015, incluso, el director adjunto de Informática, Recursos Materiales y Servicios del Órgano Desconcentrado, Enrique Angulo, gestionó sin éxito ante la Policía Cibernética de la Policía Federal un muestreo de la cobertura de inhibición de celulares y la reparación de los

---

[2] Oficio SEGOB/CNS/OADPRS/CGCF/CFRS1/DG/8813/2014, 30 de julio de 2014.

[3] Las peticiones están contenidas en los oficios al director general de Administración del Órgano Desconcentrado, Paulo Uribe, SEGOB/OAD PRD/CGCF/25937/2015, SEGOB/OADPRD/CGCF/25938/2015 y SE-GOB/OADPRD/CGCF/25940/2015, del 15 de septiembre de 2014; a Pequeño, jefe de la División de Inteligencia de la Policía Federal, SE-GOB/CNS/OADPRD/01848/2015; y a Enrique Angulo, director adjunto de Informática, Recursos Materiales y Servicios del Órgano Desconcentrado, dependiente de Uribe, SEGOB/CNS/OADPR/CGCF/15020/2015, el 6 de abril de 2015, y SEGOB/CNS/OADPR/CGCF/26354/2015, el 2 de junio de 2015.

Jammers.[4] Así se observa un claro patrón: nada sucedía por mejorar la seguridad dentro del Altiplano.

Las peticiones por oficio y personales de los encargados de los penales federales propiciaron que Ramón Pequeño visitara El Altiplano a escaso mes y medio de la fuga del *Chapo*. Al jefe de Inteligencia lo acompañaron David Fernando Rodríguez (director general adjunto de Monitoreo de los Centros Penitenciarios Federales y Puntos Estratégicos de la Policía Federal), Juan Ignacio Hernández Mora (comisionado del Órgano Desconcentrado) y Paulo Uribe (director general de Administración del Sistema Nacional de Seguridad Pública).[5] Tampoco sucedió nada.

El Cisen estaba al margen de esas deficiencias. Cuando instaló su módulo de vigilancia se le transfirieron nueve de las 385 cámaras de circuito cerrado de televisión para ver todo el tiempo al *Chapo* Guzmán. Desde que el capo ingresó en el penal, el entonces comisionado del Órgano Desconcentrado de Protección y Readaptación Social, José Luis Musi Nahmías, le colocó un brazalete que tenía un sistema de georreferenciación que permitiera conocer de su ubicación todo el tiempo.[6]

---

[4] Oficio SEGOB/CNS/OADPR/CGCF/0128/2015 y SEGOB/CNS/OADPR/CGCF/0129/2015, 12 de enero de 2015.

[5] Oficio SEGOB/CNS/OADPR/CGCF/23372/2015, 26 de mayo de 2015.

[6] José Luis Musi Nahmías fue designado por el primer comisionado nacional de Seguridad, Manuel Mondragón, y renunció en julio de 2014, tras el nombramiento del nuevo comisionado, Monte Alejandro Rubido.

En diciembre de 2014, el nuevo comisionado de penales federales, Juan Ignacio Hernández Mora, le colocó un nuevo brazalete a Guzmán Loera. La señal que emitía el brazalete tenía una redundancia más allá de la oficina del Cisen en El Altiplano. Podía ser monitoreada desde las oficinas centrales del Cisen, en la zona de la delegación Magdalena Contreras en el sur poniente de la Ciudad de México, así como en el Centro de Control de los penales federales y en la oficina del comisionado.

Tres días después de la fuga del *Chapo*, el entonces comisionado Rubido dijo que el brazalete no tenía sistema de georreferenciación que permitiera saber su ubicación. Los brazaletes con georreferenciación habían dejado de ser colocados en los internos de mayor peligrosidad porque el contrato con la empresa canadiense que los aportaba y que monitoreaba permanentemente, se venció en el otoño de 2013 y el entonces comisionado Mondragón no renovó el contrato. El brazalete que le colocaron al *Chapo* Guzmán lo donó la Fiscalía General de Chihuahua, por ser la primera entidad en el país que lo puso en práctica para delitos menores.[7] La utilización de ese dispositivo fue descalificada porque la tecnología del brazalete no funcionaría con los sistemas de inhibición de señales electrónicas instaladas dentro del penal.

[7] "Donó Chihuahua brazalete que traía *el Chapo*", *El Diario de Juárez*, 15 de julio de 2015.

Sin los recursos tecnológicos en condiciones óptimas, la vigilancia del Cisen recaía en las cámaras de circuito cerrado. *El Chapo* Guzmán era monitoreado de manera permanente por dos miembros del Cisen y un miembro del área de Inteligencia de la Policía Federal, responsable de la seguridad interna de los penales federales. Cuando desapareció de los monitores la noche del 11 de julio, los tres tenían que haber estado observando los movimientos. Pasaron 18 minutos antes de que reaccionaran y que cuatro custodios, conducidos por el director de Seguridad del penal, entraran en la celda de Guzmán y descubrieran el túnel por donde se había fugado.

La fuga del *Chapo*, sin embargo, no puede verse únicamente dentro del ámbito de las responsabilidades de las instituciones de gobierno. Las oportunidades que se fueron abriendo al desmontarse los sistemas de seguridad y vigilancia, junto con el relajamiento de protocolos y métodos dentro de la prisión federal, fueron acompañadas por una estrategia legal. A diferencia de la administración de Felipe Calderón, los abogados de Guzmán encontraron en la de Peña Nieto un aliado inopinado en Manuel Mondragón, quien bajo el alegato de la protección de los derechos humanos de los criminales más peligrosos, respondía positivamente todos los amparos que interponían los internos.

El Chapo Guzmán tenía un ejército de 14 abogados acreditados en El Altiplano, con los que se comunicaba de manera permanente, fuera de los horarios normales establecidos, o incluso los fines de semana. Los litigantes trabajaban los amparos para evitar su extradición a Estados Unidos, o buscaban quitarle acusaciones mediante alegatos de violaciones al debido proceso. La coyuntura se la había dado el nuevo perfil garantista de la Suprema Corte de Justicia, que permitió, por ejemplo, la liberación de la francesa Florence Cassez.[8] Pero el mejor ejemplo a seguir fue la estrategia del abogado de Rafael Caro Quintero, ex jefe del cártel de Guadalajara.[9] Su abogado, Efraín García Ramírez, alegó que a Caro Quintero se le debió enjuiciar en el fuero común, y no en el federal, como sucedió, por lo que el Primer Tribunal Colegiado en Materia Penal del Tercer Circuito, decretó su libertad después de 28 años de estar en la cárcel.[10] El entonces procurador general Jesús Murillo Karam aseguró que nunca les notificaron que venía el amparo. La realidad no había sido así. Maricela Gómez Cobos, la fiscal de Prevención y Readaptación Social de Jalisco, quien firmó la libertad de Caro Quintero, había avisado a la PGR que el amparo

---

[8] El 23 de enero de 2013, Florence Cassez, la ciudadana francesa que llevaba siete años presa de una sentencia por secuestro y delincuencia organizada, fue puesta en libertad mediante un procedimiento inusualmente expedito en la Suprema Corte de Justicia.

[9] En 1985, Rafael Caro Quintero fue acusado de la muerte y secuestro del agente de la DEA Enrique Camarena Salazar, y de su piloto, el mexicano Alfredo Zavala Avelar.

[10] Rafael Caro Quintero salió libre el 9 de agosto de 2013, y el 17 de enero de 2015, el mismo penal, con sede en Guadalajara, revocó la sentencia. El criminal seguía prófugo a la primera mitad del sexenio de Peña Nieto.

interpuesto por sus abogados iba a salir positivo para él, urgiendo indirectamente a que los abogados de Murillo Karam actuaran para evitar su liberación. Nadie le hizo caso. Nadie en el gobierno federal escuchó lo que alertaban los órganos de reclusorios. El éxito de García Ramírez fue reconocido por los criminales. Los jefes del cártel de Guadalajara, Ernesto Fonseca —acusado por los mismos delitos que Caro Quintero— y Miguel Ángel Félix Gallardo lo contrataron para seguir los pasos de su camarada.[11] *El Chapo* Guzmán, no podía faltar, lo sumó a su equipo de defensores.

Los abogados de Guzmán desarrollaron una estrategia para que su cliente estuviera comunicado el mayor tiempo posible dentro de una prisión diseñada para mantener incomunicados a los internos. En tribunales fue ganando privilegios dentro del penal. Un amparo muy importante, que le permitió el acceso casi ilimitado a sus abogados, fue precisamente contra la incomunicación. Otra prerrogativa fundamental fue una televisión, el objeto luminoso que se observaba en el video de vigilancia que presentó Rubido.[12]

[11] El 11 de septiembre de 2015, un juez de Jalisco concedió la prisión domiciliaria a Ernesto Fonseca por su edad. Fonseca, de 85 años, cumpliría los 10 años del resto de su sentencia de 40, en su casa. Por su parte, los amparos de Félix Gallardo, al momento de la fuga del *Chapo* Guzmán seguían en estudio en tribunales.

[12] El 20 de septiembre de 2014, Fidel Alonso Ceballos, director del área de Coordinación del Órgano Administrativo Desconcentrado de Prevención Social y Readaptación, junto con el comandante Luis Fernando Mendoza, director de Seguridad del Altiplano, propusieron quitarle la televisión al *Chapo*, que la tenía desde mayo de 2014, casi un mes y medio después de haber ingresado en el penal. De acuerdo con funcionarios penitenciarios, Rubido rechazó la propuesta.

Ante la imposibilidad de negársela tras el fallo del juez, las autoridades del penal la arreglaron para que no pudiera ser transformada en un transmisor y sólo se vieran dos canales locales. *El Chapo* mantenía el aparato prendido todo el tiempo, y a todo volumen, incluso cuando estaba durmiendo.

La estrategia legal había sido una de las constantes en la vida criminal de Joaquín Guzmán, quien hasta el momento de su fuga tenía tres sentencias condenatorias, pero ninguna era por delitos contra la salud. Más aún, de los cinco primeros autos de formal prisión dictados por los jueces federales entre el 25 de febrero y el 5 de marzo de 2014, después de su captura en Mazatlán, sólo uno era por delitos contra la salud y cuatro más por delincuencia organizada.[13]

En El Altiplano, *el Chapo* Guzmán se valió de esos recursos para comunicarse con otros reos. Una de las consecuencias de esas tácticas fue que los criminales comenzaron a solicitar amparos en forma colectiva. Para notificarle a cada uno de ellos lo relacionado con los amparos, el juez podía hacerlo individualmente en el juzgado, y de esa forma evitar que estuvieran juntos. Sin embargo, en los casos donde estaba involucrado Guzmán, el juez llamaba a todos los internos al mismo tiempo para informarles sobre los amparos. Cuando los monitoristas de los reclusorios notaron que durante esas audiencias los internos de mayor peligrosidad hablaban entre ellos —en los pabellones y celdas era imposible que lo

---

[13] Luis Carlos Sáinz Martínez, "*El Chapo*, jueces le quitan lo narco", *Semanario Zeta de Tijuana*, 7 de marzo de 2014.

hicieran—, notificaron a las autoridades penitenciarias.[14] El director general del Altiplano, Valentín Cárdenas, le había pedido a Omar Jaime Santillán, secretario particular de Juan Ignacio Hernández Mora, quien también recibía la información de inteligencia de la Policía Federal, que cambiaran de celda a varios internos. Para ello le había sugerido utilizar un procedimiento que llamaban "ratón loco", mediante el cual se movía "a ciertos internos altamente desestabilizadores de centro en centro para evitar que hagan sus alianzas y establezcan cotos de poder". A Cárdenas le preocupaba en particular Miguel Treviño Morales, el jefe de los Zetas, pero no encontró respuesta de Santillán. Entonces alertó a Celina Oseguera Parra que "se están formando alianzas, presuponiendo que no son nada favorables o lícitas para este centro penal".[15]

La queja llegó hasta el comisionado de reclusorios, Hernández Mora, quien se entrevistó con Alfredo Pérez Daza, presidente de la Comisión de Disciplina del Consejo de la Judicatura. Hernández Mora le pidió que interviniera con los jueces que —además de permitir esas irregularidades— comenzaron a trasladar a internos de alta peligrosidad a cárceles de menor seguridad, como sucedió con el juez octavo en Tamaulipas, quien ya había ordenado el traslado de cárcel de Caro Quintero, en la antesala de su liberación. Pérez

---

[14] Tarjeta informativa de Valentín Cárdenas a Omar Jaime Santillán, "Ubicación Tratamientos Especiales", 9 de junio de 2015.

[15] Tarjeta informativa de Valentín Cárdenas a Celina Oseguera Parra.

Daza, que tenía una muy buena relación con la procuradora Arely Gómez, rechazó todas las imputaciones. Intervino de manera más cosmética que profunda, y aunque algunas cosas cambiaron, en lo general todo siguió igual.

El Chapo Guzmán mantuvo su actividad dentro del penal prácticamente sin alteración alguna. El abogado que más tiempo pasaba con él era Óscar Manuel Gómez Núñez, defensor también del *Vicentillo*, hijo del *Mayo* Zambada.[16] Pero el día que se escapó, quien estuvo con Guzmán durante más de dos horas en el locutorio 12, prácticamente sin hablar, fue su abogado Adrián Granados. No había ninguna causa aparente para que ese sábado estuviera en El Altiplano. Tampoco había juzgados ni se tenía programada una diligencia. Cuando terminaron su reunión, *el Chapo* Guzmán fue a su celda y se acostó. Cerca de las 20:30 horas se levantó inquieto y caminaba de un lado para otro, según describieron quienes narraron la escena de los videos de vigilancia. En un momento orinó; en otro fue a la regadera y regresó a caminar a un costado de la cama. Como ya se ha descrito, volvió a ir a la regadera varias veces y se agachó en algunas de ellas. Rubido había dicho que su comportamiento era normal. En realidad, era absolutamente inusual. Traía calcetines y en un momento dado, se calzó los tenis. Segundos después, ya no estaba en la celda.

---

[16] Vicente Zambada Niebla fue arrestado en marzo de 2009, y extraditado a Estados Unidos en febrero de 2010.

La fuga del *Chapo* conmocionó al gobierno de Peña Nieto, que en un principio sólo acotó las responsabilidades políticas al Sistema Penitenciario Mexicano. Rubido, comisionado en el momento de la evasión, en medio de una profunda depresión, presentó su renuncia al secretario de Gobernación antes de que se cumplieran las 48 horas del escape, pero Osorio Chong no la aceptó. No fue hasta el 27 de agosto, 47 días después de la evasión, cuando lo relevaron del cargo.

Renato Sales Heredia, hasta ese momento el zar antisecuestros, se convirtió en el nuevo comisionado nacional de Seguridad. El funcionario tomó el mando de una corporación lastimada y humillada, pero sobre todo desmantelada. Entonces se inició una revisión de todos los procesos que abrieron las puertas para que Guzmán se escapara. Mientras tanto, el Cisen se mantenía hermético, pese a todas sus fallas de inteligencia.[17]

[17] El débil trabajo de inteligencia del Cisen en la vigilancia perimetral del Altiplano tampoco les permitió detectar el vuelo de un *drone* no autorizado el 22 de enero de 2015, que detectó personal del VIII Regimiento de Caballería del Ejército, que tiene una base en la parte posterior del penal, y que reportó de inmediato al director de Seguridad del penal, Luis Fernando Mendoza, cuyos subalternos corrieron hacia el exterior de la cárcel para observarlo e investigar su procedencia. Una hora después descubrieron que el *drone* lo había operado Jaime Navarrete Toral, de la División de Inteligencia de la Policía Federal, sin saber cuáles fueron las razones de una operación clandestina. Ese mismo día, horas después, las autoridades del penal detectaron el vuelo de un helicóptero Bell 212 con la leyenda de la Policía Federal en los costados, pero sin poder ver la matrícula. Nunca les confirmaron si era en efecto una nave oficial. Eso sucedió seis meses antes de la fuga.

En septiembre de 2015, poco después de traspasar el umbral de la primera mitad del gobierno del presidente Peña Nieto, el secretario de Gobernación, Miguel Ángel Osorio Chong, hizo nombramientos en cargos de nivel medio y superior en áreas que habían estado acéfalas durante largo tiempo.

En sustitución de Juan Ignacio Hernández Mora, como comisionado de los reclusorios federales nombró a Eduardo Guerrero Durán, el mismo fiscal de Chihuahua que había proporcionado el brazalete inservible que tenía *el Chapo* Guzmán cuando se fugó. Una vez más, como cuando Humberto Castillejos, consejero jurídico de la Presidencia, propuso la creación de una Secretaría de Seguridad Ciudadana, el enfoque fue local. Los fiscales estatales no ven asuntos federales, y la seguridad local de un penal tampoco es la que se requiere en uno de máxima seguridad.

En la Subsecretaría de Prevención y Participación Ciudadana, Osorio Chong nombró a Arturo Escobar, ex diputado del Partido Verde. Su acción más notable en ese campo ocurrió en 2008, cuando propuso la pena de muerte contra secuestradores. Escobar fue duramente criticado por expertos y organizaciones civiles. En el pasado, el nuevo responsable de impulsar y mantener la legalidad se había exhibido como alguien que hacía exactamente lo contrario en la práctica política diaria.

En julio de 2009, Escobar fue detenido en el aeropuerto de Tuxtla Gutiérrez, en Chiapas, con un millón de pesos en un portafolio, que reconoció como suyo, pero negó que el dinero lo fuera. Ese mismo año, apoyó la candidatura de Saúl Solis Lince para una diputación federal por el Partido Verde, pese a haber sido señalado por vínculos con la Familia Michoacana y los Caballeros Templarios.[18]

Los nombramientos sugerían que en el gobierno del presidente Peña Nieto ya estaban superando el trauma de la fuga del *Chapo* Guzmán, y recuperaban fuerza para enfrentar la crítica por tan controvertidas designaciones. Pero una vez más, apuntaban hacia la insensibilidad o la arrogancia que tanto les había costado durante la primera parte de la administración. Parecían olvidar que la burla que hicieron *el Chapo* y sus cómplices al Estado mexicano fue resultado del colapso en cámara lenta de todo el sistema de prevención y vigilancia del Altiplano.

El ex director del penal, Cárdenas Lerma, y el jefe de Unidad de Monitoreo de Centros Penitenciarios de la División de Inteligencia de la Policía federal, Mauricio Enríquez Flores, habían dicho ante los ministerios públicos federales, cada uno por su lado, que de haber servido los sistemas de seguridad, se habría advertido la construcción del túnel. Fueron tantas las alertas emitidas interna y externamente, que la sospecha crecería con el tiempo. Cuando una acción está impregnada de suspicacia, en política se dice coloquialmente:

[18] En septiembre de 2011, una unidad del Ejército aprehendió a Soliz en la Ciudad de México por acusaciones de tráfico de drogas y extorsión.

"es demasiado coincidente para ser coincidencia". La sombra sobre la fuga del *Chapo* puede tener el mismo juego retórico: fallaron tantos sistemas a la vez, que es demasiado enorme la falla para que sea circunstancial. La verdad jurídica y la verdad histórica quizás nunca se empalmen y, como en muchos otros casos en México, es posible que entren en contradicción. Ahí quedará, en un limbo judicial, lo que pasó la noche del 11 de julio en El Altiplano, un ícono de la debacle de la política de seguridad federal, con el inolvidable grito de fondo del comisionado Hernández Mora a la coordinadora de reclusorios, Celina Oseguera Parra: "*¡Benito* no se ve en monitores!*". El Chapo* Guzmán se había vuelto a escapar.

El 18 de septiembre de 2015, la PGR dio a conocer que puso a disposición de la autoridad jurisdiccional a 13 personas relacionadas con la evasión de Joaquín Guzmán. Entre los detenidos, estaban Celina Oseguera Parra y Valentín Cárdenas Lerma, así como custodios, policías federales y personal del Cisen.

A continuación se enumeran algunas columnas que el autor publicó en ejecentral.com.mx y que fueron usadas en la elaboración del libro:

"Adiós, Plataforma México", 7 de diciembre de 2012
"Un monstruo en Bucareli", 12 de noviembre de 2012
"El comisionado", 28 de diciembre de 2012
"La realidad de la percepción", 9 de enero de 2013
"Seguridad en zig-zag", 16 de enero de 2013
"Paramilitares autorizados", 20 de febrero de 2013
"México rojo: ganó la realidad", 17 de marzo de 2013
"Batalla en Tamaulipas", 18 de marzo de 2013
"Ya llegó el lobo", 29 de abril de 2013
"El problema de la estrategia", 5 de mayo de 2013
"Revive el comisionado", 15 de septiembre de 2013
"Diez días de caza", 24 de febrero de 2014
"El éxito de una desobediencia", 26 de febrero de 2014
"La salida de Mondragón", 18 de marzo de 2014
"*El Chapo*, vivo ¿o muerto?", 30 de agosto de 2014
"La cara oscura del ejército", 3 de noviembre de 2014
"La derrota militar en Jalisco", 8 de mayo de 2015

"La burla del *Chapo*", 13 de julio de 2015

"*El Chapo*: la debacle", 14 de julio de 2015

"*El Chapo*... y la guerra contra Osorio", 16 de julio de 2015

"La fuga, paso a paso", 20 de julio de 2015

"La caricatura de Rubido", 27 de julio de 2015

"El Google del *Chapo*", 29 de julio de 2015

"La peor crisis de Peña II", 4 de agosto de 2015

"La peor crisis de Peña (y III)", 5 de agosto de 2015

"*El Chapo* y el elefante en la sala", 31 de agosto de 2015

"Alfombra roja para *el Chapo*", 1° de septiembre de 2015

Índice onomástico

RAYMUNDO RIVA PALACIO (México Distrito Federal, México, 1954) ha dedicado su vida al periodismo. Ha sido corresponsal en Washington, París, Madrid, Buenos Aires y Centroamérica. La primera parte de su carrera se enfocó en asuntos internacionales, con coberturas en más de 90 países y 12 guerras. Después de que la guerrilla colombiana lo secuestrara, en *Excélsior* decidieron sentarlo detrás de un escritorio.

A finales de los ochenta dirigió Notimex, y de ahí pasó a ser coordinador económico en *El Financiero*. En *Reforma* creó el departamento de investigación y encuestas. Años después fundó *Milenio Diario* y *El Independiente*. Trabajó en *El Universal*, que dirigió en 2007 y 2008. También creó el medio digital Eje Central.

Durante 15 años dio clases en la Universidad Iberoamericana y como becario de la Fundación Nieman, hizo estudios de posgrado en la Universidad de Harvard. Tiene cuatro premios de periodismo en México y tres internacionales.

Además de escribir una columna política, participa en programas de televisión y de radio y escribe para medios fuera de México como *El País* y *Los Angeles Times*.